ENTRETIENS FAMILIERS

SUR

L'ADMINISTRATION DE NOTRE PAYS

PARIS

*

INSTITUTIONS ADMINISTRATIVES

CHATEAUROUX. — TYPOGRAPHIE A. NURET ET FILS.

PARIS

**

INSTITUTIONS ADMINISTRATIVES

PAR

MAURICE BLOCK

MEMBRE DE L'INSTITUT

PARIS

BIBLIOTHÈQUE DES JEUNES FRANÇAIS

J. HETZEL ET CIE, 18, RUE JACOB

TABLE DES MATIÈRES

ENTRETIENS FAMILIERS

SUR

L'ADMINISTRATION DE NOTRE PAYS

PARIS

**

INSTITUTIONS ADMINISTRATIVES

CHAPITRE PREMIER

LA MISSION DE L'ADMINISTRATION.

Pendant quelques jours, M. et Mme Duval, Gaston et Henri avaient couru les charmants environs de Paris en chemin de fer, en bateau, en tramway, en omnibus, en voitures de toutes sortes et à pied, — et l'on éprouvait le besoin de se reposer. Naturellement on ne resta pas sans causer, et après avoir rappelé deux ou trois fois les incidents des petits voyages qu'on venait de faire, on songea à reprendre les conversations sur l'administration. M. Duval et Gaston tinrent conseil sur l'ordre à suivre dans les études qu'ils allaient entreprendre; mais Henri interrompit leurs délibérations par une observation qui ne manquait pas d'à-propos.

« Si nous examinions avant tout à quoi sert cette administration si bien organisée ?

— Il me semble, dit Gaston, que personne n'ignore l'utilité de l'administration.

— Sans doute, répond M. Duval, on le sait en gros, mais bien des gens s'y trompent encore ; nous pouvons bien consacrer un petit quart d'heure à ces préliminaires. Il y a deux manières de savoir les choses : vaguement, d'instinct, ou à fond et avec précision. Moi, j'aime la précision, et ce penchant m'a rendu bien des services. Tâchons donc de nous rendre nettement compte de l'utilité de l'administration.

— Son utilité est évidente, dit Gaston ; d'ailleurs, si l'on n'en avait pas besoin, elle n'existerait pas.

— Je le pense bien, dit Henri, car il faut la payer, et la dépense est considérable, nous l'avons vu en étudiant le budget.

— Il y a encore une autre raison : il faut en effet qu'elle soit bien utile pour que nous la supportions, car elle restreint, ou a l'air de restreindre notre liberté ; il faut souvent lui obéir, puisqu'elle représente l'autorité.

— Oui, elle restreint notre liberté de faire le mal, dit M. Duval, et elle représente l'autorité, c'est-à-dire la volonté commune, la loi.

— Cela veut dire qu'elle est instituée dans l'intérêt général, fit Gaston.

— Naturellement, répondit son oncle.

— Mais ne peut-on pas formuler en peu de mots en quoi consiste sa mission, ou sa tâche? demanda Henri. On le retiendrait mieux, ajouta-t-il.

— En peu de mots! s'écria Gaston.

— Essayons-le toujours, dit M. Duval. *L'administration est chargée de faire ce que l'individu, c'est-à-dire le simple particulier, ne peut pas accomplir à lui tout seul.*

— Mais si plusieurs particuliers se mettaient ensemble? fit Henri.

— L'observation est bonne, dit M. Duval. Ajoutons donc : *ou ce qu'une réunion, une association de particuliers ne songe pas à entreprendre.*

— Je ne sais pas, mon oncle, dit Gaston, si la formule est complète?

— Je ne la donne ni pour complète, ni pour parfaite ; c'est, d'ailleurs, seulement un premier essai. Mais signale-moi les lacunes que tu aperçois, mon neveu.

— D'abord, il n'est pas question *d'intérêt général.*

— C'est juste. Toutefois l'intérêt général est sous-entendu. Et puisque nous recherchons la précision, je ferai remarquer que l'intérêt général ne comprend pas uniquement les choses qui sont, à la fois, utiles à tous, ou simultanément à l'ensemble des citoyens, mais encore les mesures nécessaires ou bienfaisantes à un certain nombre d'habitants, surtout aux plus faibles, aux plus malheureux, et selon le cas, même à un seul individu à la fois. Comment pourrait-on demander des sacrifices à chacun pour l'ensemble, si l'ensemble n'était pas disposé à en faire, au besoin, pour chacun. Et c'est l'administration qui est l'agent de l'ensemble.

— Je comprends, dit Gaston. On construit un parapet le long d'un abîme, bien qu'on puisse supposer que tous les passants s'éloigneront spontanément de l'endroit dangereux. Mais, la nuit, par un brouillard épais, par imprudence ou ignorance, quelqu'un, *on ne sait qui*, pourrait s'en approcher et périr ; il est donc de l'intérêt général d'empêcher l'accident.

— Et voilà pourquoi le soir les voitures portent des lanternes allumées, ajouta Henri.

— Il m'a semblé, reprend Gaston, qu'il y avait encore une autre lacune dans la définition.

— Et laquelle ?

— Je crois que l'administration n'est pas seulement chargée de ce que l'individu ne *peut* pas faire, mais aussi de ce qu'il ne *sait* pas faire.

— Par exemple ? demanda Henri.

— Par exemple, un pont sur la rivière est une œuvre d'intérêt général, mais, pour construire un pont, il faut des connaissances spéciales, et la force ne saurait remplacer le savoir.

— L'exemple n'est pas heureux, dit M. Duval, tu me cites un cas où il faut du savoir technique, celui de l'ingénieur. Un particulier ou une compagnie pourrait très bien employer un ingénieur, il y en a beaucoup dans l'industrie. Mais j'admets volontiers qu'il faut un savoir spécial à l'administrateur; il doit connaître les lois, les règles particulières à l'administration, règles recueillies par l'expérience et l'observation.

— Je n'insiste pas en faveur de mon exemple, quoiqu'il y ait cependant quelque chose de fondé. L'administration emploie beaucoup de savants, d'ingénieurs, de médecins, d'avocats, et des ouvriers de toutes professions, et les particuliers peuvent faire de même, ce n'est pourtant pas la même chose.

— Je devine maintenant ce que tu veux dire, Gaston, reprit M. Duval. *L'administration est l'agent par lequel la nation, le département, la commune font diriger vers un but commun, les activités isolées nécessaires à la satisfaction d'un besoin, à la réalisation d'une amélioration quelconque;* elle est le moyen de faire converger vers un même foyer les rayons épars d'intelligence et de force qui, par leur réunion, le rendent incandescent de lumière et plein de puissance ; elle n'est pas elle-même le foyer, ni les rayons, le préfet n'est pas le département, ni le maire la commune, mais c'est par l'autorité, quelle que soit sa forme, que l'unité collective se constitue. Voilà 100 hommes, c'est une foule ; qu'elle nomme un capitaine, un lieutenant, des sergents et des caporaux, et nous avons une compagnie, un corps organisé, vivant, pouvant agir rationnellement et avec suite, pouvant obtenir un résultat.

— La définition me semble complète maintenant, dit Gaston; il resterait à indiquer sommairement les matières auxquelles s'appliquent les efforts de l'administration.

— Nous verrons cela plus en détail tous ces jours-ci[1]. Contentons-nous de dire en ce moment que l'administration est chargée d'organiser l'enseignement, de centraliser l'assistance publique, de faciliter la circulation des hommes, des denrées, approvisionnements et autres marchandises, de veiller à la santé publique et de procurer la sécurité sous toutes les formes et dans toutes les circonstances. »

CHAPITRE II

INSTRUCTION PUBLIQUE.

Le soir, on reprit la conversation, et comme M^{mo} Duval venait de parler de l'utilité de l'instruction, c'est naturellement de l'organisation de l'enseignement qu'on s'entretint. Bien des choses étaient connues des jeunes gens, ils

1. C'est-à-dire dans les chapitres qui suivent.

savaient que le premier degré de l'instruction, celui par lequel tout le monde doit commencer, est l'instruction primaire ou élémentaire, c'est celle qu'on va chercher à l'école ; que l'instruction secondaire est conférée dans les collèges et lycées ; l'instruction supérieure comprend les facultés, au nombre de cinq : théologie, droit, médecine, sciences, lettres. Mais M. Duval leur fit aisément comprendre qu'ils étaient très loin de tout savoir. Aussi fut-il convenu qu'on procéderait par ordre, méthodiquement, et qu'on ne sauterait pas d'un objet à l'autre.

« Par où commencerons-nous ? demanda Henri.

— Par le commencement, par l'instruction primaire, répondit Gaston.

— Il y a une raison toute particulière pour suivre cet avis, c'est que l'instruction primaire est essentiellement une attribution communale, et quelque peu départementale.

— Cependant l'État n'est pas sans exercer son autorité en cette matière, fit remarquer Gaston.

— L'État n'intervient guère que par ses lois générales, et par des lois d'une grande importance encore. Ainsi, une loi oblige chaque commune à entretenir des écoles, une autre veut que les instituteurs aient passé un examen pour faire preuve du savoir nécessaire, d'autres lois règlent les pouvoirs de surveillance accordés aux autorités, indiquent les matières qu'on doit enseigner dans les écoles, fixent le minimum du traitement qu'une commune doit assurer à l'instituteur, mettent des ressources à la disposition des communes, facilitent l'introduction de la *gratuité* [1] de l'instruction, qu'une loi prochaine va prescrire expressément, ainsi que *l'obligation* pour les parents de faire acquérir à leurs enfants un minimum de connaissances élémentaires. Et je ne rappelle ici que les prescriptions les plus importantes.

« Ces prescriptions, les préfets et maires, les conseils généraux et municipaux sont chargés de les exécuter, non sans conserver encore une assez grande latitude pour le règlement des détails. A Paris, l'administration est entre les mains d'un « directeur de l'enseignement primaire » nommé par le préfet-maire, et qui, en cette qualité, prépare le travail et provoque les décisions de l'autorité départementale aussi bien que de l'autorité communale. Il est secondé, pour l'accomplissement de cette lourde tâche, par les employés de plusieurs bureaux chargés, sous sa direction, de la besogne matérielle.

— Ce sont ces employés qui vont visiter les écoles ? demanda Henri.

— Nullement, répondit son père. L'inspection n'entre pas dans leurs attributions ; il y a pour Paris dix-huit inspecteurs de l'enseignement primaire. De plus, six dames déléguées pour l'inspection des pensionnats et des écoles libres.

1. La gratuité, c'est l'expression reçue pour indiquer qu'on supprime la rétribution scolaire à la charge des parents, pour payer l'instituteur sur les revenus généraux de la commune, et plus spécialement, sur le produit de centimes additionnels aux contributions directes.

— Des écoles libres ?

— Cela veut dire, expliqua Mme Duval, des écoles qui ne sont pas entretenues par la ville ; on pourrait dire — et l'on dit en effet dans beaucoup de pays — écoles *privées,* en opposition avec les écoles *publiques* ou communales.

— Il y a encore, reprit M. Duval, d'autres inspecteurs et inspectrices, soit pour les écoles spéciales, soit pour les cours spéciaux, dont je dirai un mot tout à l'heure ; enfin il y a des délégués cantonaux.

— Les délégués cantonaux, dit Gaston, ne sont pas des fonctionnaires, mais des citoyens représentant les pères de famille et prenant part à l'inspection des écoles.

— C'est très exact, dit M. Duval. A Paris, il y a une délégation cantonale dans chaque arrondissement.

— S'il y a tant d'inspecteurs et d'inspectrices, dit Henri, c'est qu'il y a beaucoup d'écoles.

— Et beaucoup d'élèves, ajouta Gaston. La ville est si grande !

— En sait-on le nombre ? demanda Henri.

— A peu près, répondit M. Duval. Il ne faut pas oublier que Paris grandit sans cesse et qu'on comble au fur et mesure les lacunes qu'on constate. Voilà pourquoi les chiffres changent un peu, de temps à autre. Ainsi, de 1860 à 1870 on a créé 91 écoles contenant 35,196 élèves, de 1870 à 1880 l'augmentation a encore été sensible. Actuellement on compte à Paris les nombres suivants d'écoles publiques ou communales :

	Nombre d'établissements	Nombre de places
« Écoles de garçons..	154	53,973
« Écoles de filles.............	154	50,686
« Salles d'asile......	125	20,687
	433	Total.... 125,346

« Si nous ajoutons les 430 écoles libres, cela fait 833 établissements dans lesquels il y a près de 200,000 élèves.

— Mais, père, tu ne nous a pas encore parlé des salles d'asile, dit Henri.

— Ton père, fit remarquer Mme Duval, pouvait penser que les écoles destinées aux enfants de 2 à 7 ans ne t'étaient pas inconnues.

— De même, ajouta M. Duval, que chacun sait distinguer les écoles laïques des écoles congréganistes.

— Mon oncle, je voudrais connaître les chiffres exacts, dit Gaston.

— Au budget de 1880 je trouve, pour les salles d'asile, 100 directrices laïques et 31 congréganistes, 120 sous-directrices laïques et 63 sous-directrices congréganistes.

— Et que dit le budget relativement aux écoles ?

— Au budget je relève :

« Écoles laïques de garçons, 103 directeurs et 593 suppléants.

« Écoles laïques de filles, 104 directrices et 558 suppléantes.

« Écoles congréganistes de garçons, 52 frères instituteurs et 298 adjoints.

« Écoles congréganistes de filles, 57 sœurs institutrices et 321 adjointes.

« Dans ces écoles il y a environ 99,000 élèves (50,000 garçons, 49,000 filles), sans compter les élèves, au nombre de 71,000 (27,000 garçons, 44,000 filles) des écoles libres [1]. Il y a 25,000 enfants dans les salles d'asile, tant publiques que libres. »

— Pourquoi le nombre des élèves est-il plus grand dans les écoles communales que dans les écoles libres ? demanda Henri.

— C'est que les écoles communales sont gratuites à Paris, répondit sa mère.

— Alors tous les enfants devraient y aller, répliqua Henri.

— Quand une école libre est à proximité, quoiqu'elle soit payante, les parents la préfèrent souvent à une école communale plus éloignée. Dans quelques-unes il y a un pensionnat. On trouvera encore d'autres raisons pour la préférence.

— La gratuité cause-t-elle une forte dépense à la ville ? demanda Gaston.

— Ce n'est toujours pas une *trop forte* dépense pour Paris, répondit M. Duval.

« Le chapitre entier de l'instruction primaire et des écoles supérieures, dont il sera encore question, s'élève à

1. M. Duval a oublié de compter les élèves des classes élémentaires des lycées et collèges.

environ 13 millions et demi. Sur ce chiffre, le personnel des écoles primaires prend 4,885,000 francs et celui des salles d'asile 812,000 francs. Paris est une des premières villes qui aient introduit la gratuité, mais bientôt d'autres l'ont suivi ; la loi de 1867 a mis à leur disposition 4 centimes spéciaux à cet effet. Ces centimes s'appliquent surtout à la rétribution du personnel. Les frais de matériel, le chauffage, l'éclairage sont, depuis 1833, une dépense obligatoire pour toutes les communes. Seulement, Paris est allé plus loin, car les 13 millions et demi du budget renferment 280,000 francs destinés à l'achat de fournitures scolaires, livres, crayons, papier à distribuer aux élèves, etc.; 50,000 francs pour les bibliothèques scolaires, 40,000 francs pour la gymnastique, ces exercices qui fortifient le corps, enfin 300,000 francs pour distribuer des aliments chauds aux enfants qui en ont besoin. L'ensemble du matériel cause une dépense de plus de 3,750,000 francs.

— Dans notre commune, dit Gaston, les enfants des pauvres n'ont jamais payé de rétribution scolaire. Les parents allaient chez le maire, qui leur donnait un bulletin d'admission. Les enfants n'avaient plus qu'à suivre l'école.

— Il en est ainsi à Paris, lui répondit M. Duval, pour tous les enfants ; on ne leur demande pas s'ils sont pauvres ou riches, on les accepte, s'il y a de la place.

— S'il y a de la place ? dit Gaston, non sans étonnement.

— Autrefois il en manquait beaucoup, mais on construit de nouveaux groupes scolaires, et bientôt on aura autant de places qu'il faudra. On les a peut-être déjà.

— Un groupe scolaire se compose sans doute d'une école de garçons, souvent divisée en plusieurs classes, d'une école de filles pareille, et d'une salle d'asile ?

— Oui, mon neveu. Cependant toutes les écoles ne sont pas groupées, on a dû utiliser les établissements qui existaient, en se bornant parfois à les améliorer. Du reste, ce détail n'a aucune importance, l'essentiel est d'avoir de bons locaux et un matériel bien choisi et bien entretenu. Des inspecteurs et des dames déléguées sont chargés du contrôle et de la surveillance. Je ne pense pas qu'il soit nécessaire d'en donner le détail, d'autant plus que nous aurons encore à parler de quelques autres institutions, toutes importantes.

« D'abord des écoles normales de Paris, l'une destinée à former des instituteurs, l'autre des institutrices. C'est le département qui entretient ces établissements où des élèves-maîtres et des élèves-maîtresses apprennent les meilleures méthodes d'enseignement.

« Puis des cours d'adultes, ouverts seulement le soir et où les personnes qui n'ont pas reçu dans leur enfance ou dans leur jeunesse l'instruction nécessaire, viennent chercher les notions les plus indispensables. Plus d'une fois on a vu de courageux vieillards s'asseoir là sur le banc des écoliers, apprenant (plutôt tard que jamais) à lire et à écrire, après avoir éprouvé à leurs dépens les inconvénients de l'ignorance.

« Nous avons aussi des écoles d'apprentis, où le travail manuel alterne avec les classes de lecture, d'écriture et de calcul.

— J'aimerais bien cela, dit Henri. Raboter, taper du marteau, faire jouer le tour, c'est vraiment amusant.

— Ce n'est pas pour les amuser, fit remarquer M. Duval, qu'on exerce les enfants à se servir des outils, c'est pour leur faciliter l'apprentissage d'une profession manuelle. On ne trouve pas toujours pour eux de bons ateliers, et l'on ne doit pas trop s'étonner non plus que des patrons hésitent à confier de bonnes matières à des mains trop inexpérimentées.

« J'ai entendu parler chez nous des écoles d'apprentis, dit Gaston. Mon père est d'avis qu'un bon atelier, où l'on entre en sortant de l'école primaire, est préférable à tout autre chose, car, pour les travaux manuels, ce qu'il importe surtout d'acquérir, c'est l'adresse et l'habitude : il faut savoir produire vite et bien, et sans trop se fatiguer. Là où les bons ateliers sont rares, on y supplée comme on peut.

— Ton père a raison. J'ajouterai seulement que la plupart des apprentis devraient être tenus de fréquenter les écoles ou du moins les classes de dessin dont le nombre est grand à Paris ; il y a des écoles ou des classes spéciales pour les garçons et les filles ; les maîtres et maîtresses qui y enseignent ont passé des examens, et leur enseignement est contrôlé par des inspecteurs.

— Ce que mon père voudrait surtout voir répandre, c'est l'instruction primaire supérieure, fit Gaston.

— Sous ce rapport, nous commençons à être bien pourvus à Paris. Nous avons déjà les écoles Turgot, Colbert, Lavoisier, J.-B. Say, et d'autres, de même nature, s'élèveront bientôt ; nous avons aussi le collège Chaptal, où l'enseignement est poussé un peu plus loin que dans ces écoles, qui, si je ne me trompe, ne diffèrent pas beaucoup de l'école commerciale de la rue Trudaine fondée par la chambre de commerce. Il y a aussi de nombreuses écoles libres que je dois me borner à mentionner — pour mémoire — comme on dit dans les documents officiels, car en ce moment je ne parle que des institutions entretenues par la ville.

— Est-ce que ces institutions sont gratuites?

— Pas tout à fait. En principe, les élèves payent, mais la ville a fondé un certain nombre de bourses destinées aux élèves les plus méritants des écoles primaires, et qui les gagnent au concours.

— Sont-elles nombreuses, ces bourses ?

— En voici la liste :

« Collège Chaptal 126 demi bourses d'internes, 67 bourses d'externes.

« École Turgot... — — — 139 —

« École Colbert.. - - — — 99 —

« École Lavoisier. 126 demi-bourses d'internes, 99 bourses d'externes.

« École J.-B. Say.   16   —   —   70   —

« Dépenses auxquelles il faut ajouter les frais du trousseau et autres.

— Je ne vois pas clairement, dit Gaston, comment les bourses s'accordent avec le fait de l'entretien des écoles par la ville.

— Je vais t'expliquer cela, mon neveu. La ville se charge de toutes les dépenses et elle perçoit les recettes. Or les sommes allouées pour les bourses figurent à la fois comme recette et comme dépense.

— Comme recette et comme dépense ?

— Entrons dans quelques détails, l'explication en jaillira d'elle-même. Le collège Chaptal est inscrit au budget des dépenses de la ville (1880) pour 1,135,000 fr., dont 428,300 fr. pour le personnel de l'administration et des professeurs, 505,000 pour le matériel, 196,700 pour des accessoires à rembourser et 5,000 fr. pour dépenses imprévues. Je viens d'indiquer les dépenses, voici les recettes :

« Recettes de l'établissement (rétributions
    scolaires, etc.)......................... 1,141,725 fr.
« Bourses municipales.....................   86,050

                   Total........... 1,227,775

— Les recettes sont supérieures aux dépenses. La ville gagne donc de l'argent ?

— Parfaitement. Mais ne nous arrêtons pas sur ce point. Vous voyez que la ville compte ici en recette le montant nominal des bourses (c'est la valeur d'une place gratuite), et il le faut bien, car la dépense est réelle, on nourrit des enfants, on les instruit ; comment l'établissement ferait-il la dépense, si la ville ne lui versait pas une recette correspondante ?

— Et quel est le budget des autres écoles supérieures ?

— Le voici :

	Dépenses	Recettes	Montant des bourses
« École Turgot...	198,000	185,700	36,500 fr.
— Colbert...	133,200	108,400	25,600
— Lavoisier.	133,400	90,400	25,600
— J.-B. Say.	190,400	152,700	25,900

« Le montant des bourses est compris à la fois dans les recettes et dans les dépenses, il en résulte que la ville dépense pour ces écoles sensiblement plus qu'elle ne perçoit ; en réalité, il faudrait défalquer le montant des bourses aux recettes, où ce chiffre n'est qu'une fiction de comptabilité, et seulement le maintenir aux dépenses.

— L'inégalité des recettes de ces écoles, dit Gaston, vient sans doute du chiffre de la population des quartiers où les écoles sont situées ?

— C'est probable, mais la proximité d'autres écoles et des circonstances variées peuvent y contribuer. J'ai déjà dit qu'il y avait beaucoup d'autres institutions à Paris, et combien leur nombre et leur importance sont grands ;

ces institutions vivent sur leurs propres ressources, mais la ville distribue entre elles plusieurs centaines de mille francs en subventions. Le budget en donne le détail.

— Mon ami, dit Mme Duval, il est deux choses que je regretterais de voir oublier en parlant de l'instruction primaire, ce sont les livrets des caisses d'épargne qu'on donne aux écoles communales et les efforts qu'on fait pour l'éducation des jeunes filles, car on manquait autrefois d'écoles pour ces pauvres enfants, on croyait qu'elles n'ont pas besoin d'être instruites.

— La ville, répond M. Duval, donne pour 133,000 fr. de livrets de caisse d'épargne aux élèves des écoles primaires, plus 110,000 ou 120,000 fr. en prix. Dans l'intérêt des jeunes filles, on subventionne des écoles primaires supérieures et plusieurs écoles professionnelles, en dehors, bien entendu, des écoles primaires.

— Je voudrais bien savoir, dit Gaston, si la ville ne fait rien pour l'instruction secondaire et supérieure ?

— Il y a le collège Rollin, dit Henri.

— Il y a, en effet, le collège Rollin, qui était autrefois dans les environs du Panthéon (rue Lhomond) et qu'on a reconstruit à une extrémité presque opposée de Paris, avenue Trudaine. La dépense est portée au budget pour 931,600 fr., les recettes pour 946,300 fr., y compris 58,500 fr. en bourses municipales (40 bourses d'internes à 1,300 fr. et 25 bourses d'externes à 250 fr). La ville entretient aussi des boursiers dans les lycées de l'État, dans l'École centrale des arts et manufactures, dans l'institution des Sourds-muets, dans l'institution des Aveugles, sans compter les autres.

« Mais les charges de la ville pour l'instruction secondaire ne s'arrêtent pas aux dépenses qu'elle fait pour les bourses ; c'est elle qui a construit et qui entretient en bon état ses cinq lycées, et qui, me dit-on, se prépare à en construire d'autres.

« L'instruction supérieure cause également des charges à la ville ; la Sorbonne et les bâtiments des facultés de droit et de médecine appartiennent à la ville, c'est elle qui les entretient et qui au besoin les reconstruit, comme elle va le faire pour la Sorbonne.

— Pourquoi, demanda Henri, appelle-t-on ainsi ce bâtiment ?

— Parce que Robert de Sorbon, chapelain de saint Louis, fonda à cet endroit, au milieu du XIIIe siècle, un collège pour les pauvres écoliers. Cet établissement s'est agrandi et développé avec le temps, et s'est rendu célèbre. En 1821, et cette mesure fut confirmée par un décret de 1852, la Sorbonne fut cédée par l'État à la ville, à la condition d'y conserver, à perpétuité, le chef-lieu de l'académie, les facultés de théologie, des sciences et des lettres, d'approprier les bâtiments et de les entretenir.

« Arrêtons-nous là, mes enfants. Il faudrait faire un gros livre, ou parler pendant des semaines et des mois, si l'on voulait mentionner et surtout décrire l'ensemble des institutions scientifiques et artistiques de Paris, ses bibliothèques, ses musées et tout le reste. Mais ce n'est pas là notre tâche; nous ne parlons que de l'administration de la ville de Paris et de ses résultats, et si par hasard nous faisons une petite excursion sur un domaine voisin, pour mentionner les institutions de l'État, nous ne devons pas trop nous écarter du nôtre. »

CHAPITRE III

L'ASSISTANCE PUBLIQUE.

« Dans une ville comme Paris, dit M. Duval, où 2 millions d'individus vivent agglomérés, il n'est pas étonnant de rencontrer beaucoup de gens qui souffrent, beaucoup de malheureux. Il faut venir à leur aide dans la mesure du possible.

— Il faut leur procurer du travail, dit Gaston.

— S'ils n'en trouvent pas eux-mêmes, répondit son oncle. Mais je ne pensais pas, en ce moment, aux gens valides, à ceux qui peuvent travailler; je pensais aux malades aux infirmes, aux vieillards, aux orphelins. Tout nous commande de les secourir, et beaucoup de personnes sont poussées par leur cœur, ou, plus exactement, par des sentiments de bienveillance innée, à soulager ceux qui souffrent. Quand les malheureux sont rares, il est relativement aisé d'accomplir cette bonne œuvre. Plusieurs personnes s'associent ou se partagent la besogne, et la charge, qui aurait été trop lourde pour un seul, est supportée sans trop de peine par un groupe de concitoyens. On m'a raconté qu'il y avait des villes où, pour chaque indigent ou infirme, on constitue un groupe d'habitants aisés qui lui doit des secours et des soins.

— Cela me plairait assez, fit Mme Duval.

— Seulement, répondit son mari, je doute fort qu'une mesure bonne pour une ville petite ou moyenne, soit applicable à l'immense cité que nous habitons. Ou plutôt, distinguons : la charité privée peut tout faire, mais l'assistance publique, non. L'assistance publique doit procéder un peu en grand, par catégories ; il faut une organisation, elle est indispensable, et elle est devenue grandiose à Paris. Quelques personnes ont même trouvé qu'elle était trop grande, et auraient voulu pratiquer des divisions. Ces personnes disaient : que chaque arrondissement soit autonome, souverain ! C'était une idée très généreuse, mais pas du tout heureuse, car les arrondissements où il y a le plus de pauvres sont aussi ceux où il y a le moins de riches, et dans les quartiers où les, riches sont relativement nombreux, les pauvres sont plus rares. Il en résulterait que les secours seraient trop inégalement répartis dans Paris, qui n'est qu'une ville et non plusieurs. De sorte que, jusqu'à preuve contraire, je croirai qu'il y a avantage à conserver le système en vigueur à Paris, en l'améliorant dans les détails, cela va sans dire, car en toute œuvre humaine il y a toujours à améliorer.

— Voyons donc, mon oncle, le système de Paris.

-- Ce système se présente avec une grande simplicité. L'assistance publique est centralisée entre les mains d'un directeur responsable, surveillé par un conseil qui est présidé par le préfet de la Seine et dont font partie des membres du conseil municipal, des médecins, des maires et d'autres hommes notables de Paris.

— C'est ce directeur qui est chargé de diriger l'administration des biens des hospices et hôpitaux?

— Naturellement. L'administration centrale compte un secrétariat général et plusieurs divisions composées de bureaux ayant chacun ses attributions clairement définies dans l'*Almanach national*. Les uns s'occupent des secours, les autres des hôpitaux et hospices, d'autres encore des enfants assistés, ou des domaines, ou de la comptabilité ; il y a en outre une caisse, des contrôleurs et des inspecteurs.

— Je vois, dit Gaston, qu'en toute chose Paris fait grand. Seulement, j'aimerais bien connaître un peu le budget de l'assistance publique.

— Cela est très facile, et je prendrai à titre d'exemple le budget de 1880 ; les chiffres diffèrent un peu, d'une année à l'autre, mais la physionomie de l'ensemble ne varie pas sensiblement. Notez, mes enfants, le résumé que je vais vous dicter :

« *Recettes ordinaires :*

« Revenus de biens immobiliers (maisons, fermes, bois)............................... 2,126,400 fr.

« Revenus de biens mobiliers (rentes sur l'État et sur des particuliers, intérêts de fonds placés).................................. 3,609,600

« Droits des indigents sur les billets de spectacles, bals et concerts...................... 2,728,000

« Bénéfices du Mont-de-Piété, etc.............. 475,000

« Perception sur le produit des concessions de terrains dans les cimetières...... 310,000

« Produits intérieurs et remboursements divers. 2,669,700

« Revente d'objets par les magasins généraux... 2,617,000

« Fondations ayant un revenu distinct, montant total 927,700

« Total des revenus propres... 15,463,400 fr.

« Subvention de la ville....................... 12,9.5,365

« Total des recettes ordinaires.. 28,408,765 fr.

« Recettes extraordinaires.................... 2,096,000

« Total général............. 30,504,765 fr.

« Ainsi, l'administration de l'assistance publique possède des propriétés, on lui a attribué certains droits productifs de revenu, puis il lui rentre de l'argent comme remboursement (par exemple, pour des aliénés du département), elle recueille de petites successions, etc. La revente d'objets par les magasins généraux s'explique aisément : les hôpitaux consommant journellement de très grandes quantités de pain, de viande, de vin et de nombreux autres objets, l'administration, par motifs d'économie, a créé une boucherie, une boulangerie et d'autres établissements qui préparent ce qu'il faut aux hospices, hôpitaux et bureaux de bienfaisance. Ces derniers, qui ont des fonds particuliers, remboursent à la caisse de l'assistance publique les fournitures qu'on leur a faites pour leurs pauvres. Ces fournitures sont considérées comme des reventes par la comptabilité.

« Les fondations sont au nombre de sept; voici le chiffre du revenu de chacune : Montyon, 283,900 fr.; Boulard, 23,700 fr.; Brézin, 221,200 fr.; Devilley, 53,200 fr.; Chardon-Lagache, 124,600 fr.; Lenoir-Jousseran, 151,700 fr.; Lambrechts, 69,400 fr.

— C'est sans doute parce que les 15,463,400 francs de revenus propres à l'assistance publique ne suffisent pas, que la ville donne une subvention ?

— C'est en effet la principale raison.

— Comment détaille-t-on les dépenses ?

— Voici les grandes divisions du budget des dépenses :

« Dépenses générales de l'administration (personnel et matériel). . . . .   2,172,000 fr.

« Charges spéciales des revenus (frais divers et
impôts)   775,100

« Service de santé et services économiques . .   19,426,665

« Service des secours   4,584,900

« Services des enfants assistés   438,400

« Dépenses des fondations.   927,700

« Fonds de réserve pour dépenses imprévues . .   84,000

     « Total. . . .   28,408,765 fr·

« Le service de santé et les services économiques renferment les articles suivants : dépenses de pharmacie
pour le service hospitalier, 912,600 francs ; boulangerie,
1,237,000 fr. ; boucherie, 2,834,700 fr. ; cave, 1,574,000 fr. ;
comestibles, 2,554,100 francs ; chauffage et éclairage,
1,472,400 francs ; blanchissage, 464,200 fr.; linge, coucher,
mobilier, 1,750,100 fr., etc.

« Je ne m'arrête pas aux 2,096,000 fr. de dépenses
extraordinaires égales au chiffre des recettes, car il s'agit
ici d'écritures de comptabilité pour servir de contrôle.

— Il serait plus intéressant de connaître le nombre des
malades, des infirmes, des pauvres secourus, dit
Mme Duval.

— Nous allons examiner les chiffres qui se trouvent en
tête du budget et du compte. Je vais prendre, à titre
d'exemple, les chiffres de 1878 :

« On compte 10 hôpitaux généraux, où l'on admet toutes

les maladies non contagieuses, avec environ 5,400 lits. Le nombre des malades secourus a été de 98,548. En multipliant le nombre des lits par le nombre de jours de l'année, on trouve environ 1,970,000 journées de lit. On peut en conclure qu'un malade reste en moyenne 20 jours à l'hôpital, les uns plus, les autres moins. Vous avez vu que le nombre de lits est grand, pourtant il y a quelquefois plus de malades que de lits.

— En cas d'épidémie, on doit établir des lits dans des hôpitaux temporaires ?

— C'est ce que l'on fait.— Outre les hôpitaux généraux, il y a les hôpitaux spéciaux pour certaines maladies plus ou moins contagieuses, et d'autres pour les enfants ; il y a là encore 4,200 lits, dont 600 à Berck-sur-Mer, où l'on envoie les enfants ayant des maladies scrofuleuses, parce que l'air maritime leur est salutaire.

— Les enfants assistés, les petits orphelins, ne sont pas compris dans ce chiffre ?

— Peut-être exceptionnellement. En général, ces enfants sont envoyés en nourrice à la campagne, où l'on place aussi dans des familles les enfants plus grands. A Paris, il n'y a qu'un dépôt, renfermant 225 lits et 95 berceaux, où les enfants sont soignés jusqu'au moment où on peut les placer à la campagne ; mais la ville a charge de près de 6,000 enfants (5,810 en 1878).

— Est-ce que tout le monde est reçu dans les hôpitaux ?

— En cas d'urgence, sans aucun doute. Un homme est

blessé dans la rue, ou un accident quelconque arrive, on porte le malade à l'hôpital le plus voisin, et là il est reçu d'urgence et soumis à l'interne de service. S'il n'y avait pas de lit de disponible, on le soignerait sur un brancard. En dehors des cas d'accident, voici comment les choses se passent. Le malade se présente le matin à l'hôpital le plus voisin, à l'heure où les médecins donnent leurs consultations gratuites. Ces médecins décident s'il y a nécessité de le recevoir à l'hôpital. Si l'hôpital le plus proche n'a pas de place, on peut aller au bureau central qui siège à l'Hôtel-Dieu. Ce bureau est, tous les matins, informé du nombre de lits vacants dans chaque hôpital, et peut y envoyer les malades qui se sont adressés à lui.

— Et s'il n'y avait de lit nulle part ?

— On peut secourir les malades à domicile, et en tous cas leur donner, outre la consultation, les médicaments dont ils ont besoin. Dans trois cas, au moins, ajoute M. Duval, l'assistance publique intervient toujours d'urgence : l'un, c'est lorsque une épidémie grave éclate ; on installe des médecins, on ouvre des hôpitaux spéciaux, et, s'il le faut, on prend des mesures exceptionnelles. Le deuxième concerne les enfants. Lorsqu'un enfant perd ses parents et n'a plus personne pour le nourrir, pour lui donner un abri, on ne peut pas lui dire : On vous avertira quand un lit ou un berceau sera vacant. Aucun ajournement n'est admissible, c'est sur-le-champ qu'il faut adopter l'orphelin. Le troisième cas est relatif aux aliénés.

Lors même que la charité ne nous imposerait pas le devoir de leur venir en aide, il y aurait un danger public à laisser vaguer les fous.

— Les enfants assistés et les aliénés constituent, je crois, des dépenses départementales, dit Gaston.

— En effet, le départément en est chargé en première ligne, mais les communes doivent un contingent. Si l'aliéné a de la fortune, ou des parents aisés, ils doivent payer pour leur malade. Pour les aliénés pauvres, il y a des asiles ; les aliénés riches y sont également admis, mais il existe aussi des établissements particuliers, dirigés par des médecins et qu'on nomme maisons de santé, où il règne un peu plus de luxe ; ce sont des hospices ou hôpitaux privés dans lesquels on est admis en payant.

« Dans la « maison municipale de santé » (maison Dubois), ajoute M. Duval, l'on ne reçoit pas d'aliénés ; c'est un hôpital où se font soigner des malades qui n'ont pas de famille à Paris, ou qui n'ont pas d'intérieur. On y est très bien, et la rémunération n'est pas élevée.

— Quelle est la différence entre hospice et hôpital ? demanda Henri.

— L'hôpital, répondit son père, est destiné aux malades, l'hospice aux vieillards et infirmes.

— On dira donc hospice des enfants assistés, hospice des aliénés ?

— Sans doute. L'hospice des aliénés est plus souvent nommé asile.

« On dit cependant « la maison de Charenton », c'est un asile qui appartient à l'État. Les malades y payent pension, 1,500 fr., 1,200 fr., 900 fr.; il y a aussi des bourses, c'est-à-dire des places gratuites. Les aliénés pauvres sont reçus dans les asiles du département : Saint-Anne, Vaucluse et Ville-Évrard, et si ces maisons n'avaient pas de place, on en trouverait dans un asile privé, et le département de la Seine payerait.

— Il y a aussi les asiles de Vincennes et du Vésinet, dit Henri.

— Ne confondons pas. Ces établissements, qui appartiennent à l'État, ne reçoivent pas d'aliénés, mais des ouvriers convalescents qui ont besoin de soins et de repos pour recouvrer la santé. Sans la question de Henri je n'aurais pas mentionné ces établissements, puisque nous ne parlons que des institutions de la ville de Paris et de celles du département de la Seine, dont il nous reste d'ailleurs encore quelques-unes à nommer.

— Par exemple les deux hospices de la vieillesse, dit Mme Duval, un pour les hommes (Bicêtre) et un pour les femmes (la Salpêtrière), puis l'hospice des Incurables, situé à Ivry et contenant un quartier des hommes et un quartier des femmes.

— Puis, les trois maisons de retraite : Ménages, La Rochefoucauld et Sainte-Périne.

— Quelle est la différence entre les hospices et les maisons de retraite ? demanda Gaston.

3

— La principale différence est celle-ci : dans les hospices, on entre généralement sans payer, en remplissant les conditions d'âge, d'indigence ou d'infirmité prévues ; dans les maisons de retraite, il faut verser quelques fonds ou payer une petite pension.

— Et quelle règle suit-on dans les fondations dont il a été parlé tout à l'heure ?

— Les fondations sont l'œuvre de personnes bienfaisantes qui ont créé les hospices ou maisons de retraite à leurs frais, en fixant le plus souvent des conditions d'admission.

« Nous venons de passer en revue, continua M. Duval, un assez grand nombre d'établissements, et nous l'avons fait bien rapidement ; chaque établissement, cependant, aurait mérité de nous arrêter un moment, mais il aurait fallu y employer des journées entières, et pourtant, nous sommes très loin d'avoir tout mentionné.

— Je le crois bien, s'écria Gaston. Je n'ai pas voulu interrompre, mais plusieurs fois il m'est venu l'idée que nous ne parlions que des malades et des infirmes, mais qu'il n'a presque pas été question des indigents.

— Nous ne les avons pas oubliés, mon neveu, mais tu sais déjà que Paris a aussi des bureaux de bienfaisance.

— Oui, mon oncle, je le sais. Je sais aussi que les bureaux de bienfaisance sont placés sous l'autorité du préfet de la Seine et sous celle du directeur responsable de l'administration générale de l'assistance publique, que chaque bureau — il y en a 20 — se compose du maire de l'arrondissement, président, des adjoints, de 12 administrateurs, d'un nombre illimité de commissaires de bienfaisance et de dames de charité et d'un secrétaire-trésorier.

— C'est bien cela. Les 12 administrateurs, qui sont nommés par le préfet, se renouvellent par moitié tous les ans, mais ils peuvent être renommés ; leurs fonctions sont gratuites. Le secrétaire-trésorier est nommé par le préfet, il a un traitement et fournit un cautionnement. Les commissaires de bienfaisance et les dames de charité sont désignés par le bureau.

— Voilà, dit Gaston, l'organisation des bureaux, il faudrait voir maintenant comment ils fonctionnent.

— Les bureaux de bienfaisance sont chargés de la répartition et de l'emploi de tous les secours mis à leur disposition par l'autorité administrative ou par des particuliers ; et naturellement ils surveillent les établissements charitables qu'ils entretiennent. Dans l'intérêt du service, l'arrondissement est partagé en 12 divisions, dont l'une est plus spécialement confiée à chaque administrateur ; c'est pour ainsi dire son petit arrondissement à lui, qu'il visite et fait explorer par des commissaires et des dames, afin que cette partie du quartier leur soit bien connue.

— Supposons maintenant qu'un pauvre ait besoin d'un secours, comment fera-t-il? demanda Henri.

— Il faut distinguer entre l'indigent inscrit, qui est

déjà connu de l'administrateur, et le nécessiteux qui demande accidentellement un secours. Ce dernier se rend à la mairie, le maire lui donne un secours — s'il a confiance dans ce que lui dit le solliciteur — ou, selon le cas, on lui indique le domicile de l'administrateur, qui avise.

— Et comment s'opère l'inscription au bureau de bien-faisance?

— Il faut naturellement que l'indigent la demande. Il se rend à la mairie ou écrit au maire de l'arrondissement, qui soumet la demande au bureau de bienfaisance. Le bureau décide, mais non arbitrairement. Il y a des règles. Ainsi, les aveugles, les paralytiques, les cancérés, les infirmes, les vieillards ayant accompli leur 74e année, sont inscrits pour recevoir des secours ordinaires ou annuels, c'est-à-dire suivis, réguliers; les blessés, les malades, les femmes en couche, les enfants abandonnés et les orphelins, les ménages chargés d'enfants, des veuves avec enfants, des personnes qui se trouvent dans des cas extraordinaires ou imprévus peuvent recevoir des secours temporaires.

— Malheureusement, dit Mme Duval, on ne peut pas donner beaucoup, car les bureaux ne sont pas riches et les pauvres sont nombreux. Si la charité privée n'aidait pas, les indigents n'auraient pas de quoi vivre.

— C'est vrai, mon amie, répond M. Duval; mais il ne faut pas oublier que le soulagement de la misère incombe de sa nature à la charité privée; ce serait du moins l'idéal que toute personne malheureuse trouvât une âme charitable. L'assistance publique ne devrait intervenir qu'en l'absence de tout autre secours, ou pour le compléter, pour combler le déficit.

— Les plus grands ennemis des vrais pauvres, reprend Mme Duval, ce sont les faux pauvres, qui mendient par paresse, en haine du travail. Ils absorbent une partie des ressources, et comme on s'aperçoit souvent qu'on a été trompé par eux, on se méfie ensuite de ceux qui mériteraient toutes nos sympathies.

— Et quels sont les chiffres? demanda Gaston.

— En 1880, l'assistance publique se propose de distribuer aux bureaux de bienfaisance la somme de 4,584,900 fr. [1]; les bureaux y ajoutent un peu plus d'un million de francs, réuni par des quêtes à domicile, chacun dans son arrondissement, ou dans des assemblées de bienfaisance spéciales. L'hiver de 1879 à 1880 ayant été très dur, la quête a été plus productive que d'habitude; de plus, l'État et la ville ont voté chacun des fonds destinés à soulager les souffrances du moment : aux maux exceptionnels on a opposé des remèdes extraordinaires.

— La distribution des fonds, aux bureaux de bienfai-

---

1. Puisque j'ai des renseignements détaillés sur l'année 1879, je vais en donner les chiffres, en faisant remarquer que d'année en année la dépense varie un peu. Il y a tendance à l'augmentation.

L'ensemble des crédits que l'assistance publique avait inscrits à son budget pour l'exercice 1879 s'élevait à la somme totale de 3,779,732 fr., qui se décomposaient de la manière suivante :

sance, se fait sans doute proportionnellement au nombre des indigents inscrits?

— Naturellement. L'administration centralise les fonds précisément pour que l'un n'en ait pas trop quand l'autre n'en a pas assez. Il est cependant juste et sage que chaque bureau garde intégralement le produit de ses quêtes; c'est le prix de ses efforts. Je mentionnerai un usage touchant : sur les 20 arrondissements, trois sont autorisés tous les ans à quêter dans tout Paris; des trois, deux viennent à leur tour de rôle, et un par faveur, parce qu'il est un des plus pauvres.

— Quel est le nombre des indigents inscrits?

1. Subvention extraordinaire......................	500,000 fr.
2. Legs, dons et donations sans destination spéciale....	179,523
3. Legs, dons et donations avec destination spéciale...	190,209
4. Secours aux vieillards, aveugles et paralytiques.....	697,000
5. Secours d'hospices........................	386,500
6. Primes de vaccination......................	50,000
7. Combustible..............................	24,000
8. Secours aux malades traités à domicile............	390,000
9. Secours aux malades atteints de phtsie et d'affections chroniques..........................	200,000
10. Secours aux femmes pauvres qui accouchent à domic.	306,500
11. Indemnités aux médecins....................	174,000
12. Subvention en pain........................	684,000
	3,779,732 fr.

Le produit de la quête des bureaux de bienfaisance n'est pas compris dans ces chiffres. La moyenne des années 1876, 1877, 1878, a été de 1,125,983 fr.

— Quarante et quelques mille ménages composés d'environ 130,000 individus. Il y a aussi un nombre variable de pauvres non inscrits, ou de personnes secourues temporairement.

— Et combien donne-t-on à chacun?

— Les secours suivis, périodiques, sont soumis à des règles. Pour ne citer qu'un exemple, il y a des secours dits spéciaux destinés à certaines catégories de vieillards ou d'infirmes; ces secours sont tarifés ainsi : vieillards de 84 ans, 12 fr. par mois; de 81 ans, 10 fr.; de 79 ans, 8 fr.; de 69 à 79 ans, 5 fr.; aux aveugles et aux paralytiques, 5 fr. Ces sommes ont l'air bien minces; il convient d'ajouter qu'une partie des aveugles trouve un asile ou une pension à l'hospice des Quinze-Vingts, qui appartient à l'État; que les paralytiques obtiennent un lit aux hospices (Bicêtre, Salpêtrière, Incurables), et qu'il existe, pour beaucoup de ces malheureux, des « secours d'hospice » consistant en une pension destinée à remplacer l'hospice, soit qu'il n'y ait plus de lit disponible, soit que le vieillard ait une famille pour prendre soin de lui et qu'il suffise de l'aider par une subvention en argent.

— Les secours d'hospice, dit Mme Duval, sont fixés à 253 francs pour les hommes et 195 francs pour les femmes.

— C'est de l'argent cela, dit Henri, mais je crois avoir entendu dire que les secours sont plus souvent fournis en nature.

— Oui, car les secours en argent ne sont pas toujours

bien employés ; mais du pain, des comestibles, des vêtements, des combustibles ne peuvent rendre que le service auquel ils sont destinés. Ce n'est pas tout. Les administrateurs peuvent délivrer aux indigents inscrits, comme aux nécessiteux non inscrits lorsque l'indigence a été constatée, des certificats destinés à leur faire obtenir des remises ou exemptions d'impôts, ainsi que l'assistance judiciaire. Ils peuvent instituer des secours spéciaux pour loyer, apprentissage, soutien des veuves et des orphelins.

— N'oublions pas le traitement des malades pauvres à domicile, dit Mme Duval.

— En effet, des médecins et des sages-femmes sont attachés aux bureaux de bienfaisance. Dans chaque arrondissement se trouvent des maisons de secours ; aux jours et aux heures qui leur sont désignés, les médecins s'y rendent et les malades viennent les consulter. Toute personne peut se présenter à ces consultations. Au besoin, ces médecins visitent les malades à domicile, font les opérations et même les pansements. Beaucoup de distributions se font dans ces maisons de secours ; des sœurs en sont chargées ; or, ces sœurs doivent également visiter à domicile les malades indigents.

« Les bureaux de bienfaisance ont la faculté d'envoyer directement aux asiles de Vincennes et du Vésinet, les ouvriers et ouvrières en état de convalescence. Il y a aussi une fondation Montyon en faveur des pauvres convalescents (quelle que soit leur profession) ; des secours peuvent même être accordés sur ce fonds aux nécessiteux non inscrits.

— Il serait bien intéressant de faire connaître un peu les œuvres de charité privée, qui sont si nombreuses à Paris, dit Mme Duval.

— Qui les connaît toutes, ces œuvres ! Il faut cependant distinguer : il y a un certain nombre de fondations, petites et grandes, léguées par testament et dont les bienfaits sont distribués par l'autorité civile, ou par les ministres des différents cultes ; il y a en outre des sociétés de bienfaisance de toutes sortes, qui sont principalement entretenues par les cotisations des membres et accessoirement par des loteries, des ventes de bienfaisance et autres moyens analogues. Beaucoup de ces sociétés ne tiennent pas à se faire admirer, elles font modestement le bien en silence. Ce sont surtout les sociétés privées fondées pour alléger ou guérir un mal spécial qui sont nombreuses et dont l'utilité est grande ; en se spécialisant elles découvrent mieux le mal et savent mieux comment il faut le traiter. »

CHAPITRE IV

LES INSTITUTIONS DE PRÉVOYANCE.

On reparla encore plus d'une fois de l'assistance publique, et M. Duval insista sur ce fait, que l'État, le département, la commune, des fondations, des associations et de simples particuliers contribuent à des titres divers, dans des formes nombreuses et avec une efficacité plus ou moins grande, au soulagement des pauvres ; mais que, pour l'homme qui jouit de sa santé, aucune aide ne vaut les ressources que chacun trouve dans sa propre activité, dans son travail, dans sa prévoyance et dans ses autres qualités personnelles. Aussi ne tarissait-il pas sur les avantages produits par les institutions de prévoyance, et sans s'arrêter à la Caisse des retraites pour la vieillesse, fondée par l'État, ni aux assurances sur la vie créées surtout par des particuliers, il crut devoir dire un mot de trois institutions qui se rattachent plus ou moins à la ville : la caisse d'épargne, les sociétés de secours mutuels et — on s'étonnera peut-être de trouver ici ce troisième établissement — le Mont-de-Piété.

« Je sais ce qu'est une caisse d'épargne, dit Gaston, on y porte l'argent qu'on économise.

— Pour ne pas être tenté de le dépenser, ajouta Henri.

— C'est une des raisons, répondit son père ; l'autre est que la caisse place l'argent et paye un intérêt au déposant.

— Il y a maintenant partout des caisses d'épargne, dit Gaston.

— Oui, à peu près partout. Celle de Paris est une des plus anciennes ; elle a été fondée en 1818 par quelques hommes de bien qui ont réuni une dotation, c'est-à-dire un fonds de garantie, partie en immeubles, partie en rentes, car la caisse est une institution privée, quoique étroitement surveillée par l'État. Elle est administrée par un conseil de 25 directeurs, secondé par un corps nombreux d'administrateurs. En cas de vacance, il est pourvu au remplacement par les membres restants du conseil, et les choix du conseil sont soumis à l'approbation du gouvernement. Le conseil des directeurs nomme un agent général qui a la direction et la surveillance des bureaux, de la comptabilité et du mouvement des fonds en se conformant aux décisions du conseil.

— Voilà pour l'administration, dit Gaston, mais comment les choses se passent-elles ?

— Rien n'est plus facile, dit Henri. On va rue Coq-Héron, au siège central ou dans une succursale.

— Combien compte-t-on de succursales ?

— Il y en a dix-neuf à Paris, dit M. Duval et quatorze dans la banlieue.

— On arrive à la caisse, et puis ?

— On dit qu'on veut faire un versement. L'employé inscrit naturellement votre nom, l'âge, l'adresse, sur de gros registres, et vous recevez un livret, sur lequel est noté tout ce qu'il est nécessaire de retenir. Chaque versement ultérieur (maximum des versements: 300 francs) est inscrit dans le même livre, où sont portés aussi les remboursements qu'on demande. On a beaucoup simplifié les formalités, sans que la sécurité soit moindre. L'organisation est très bien entendue, nous irons voir cela un jour.

— Et combien la caisse donne-t-elle d'intérêt ?

— Il faut d'abord établir que la loi du 31 mars 1837 prescrit aux caisses d'épargne de verser leurs fonds à la Caisse des dépôts et consignations, qui les administre au nom de l'État et paye un intérêt qui est actuellement de 4 0/0. De ces 4 0/0, les caisses sont autorisées à retenir de 25 à 50 centimes; celle de Paris, à cause de ses frais, peut retenir 1 franc, mais elle ne retient réellement que 75 centimes; s'il lui en faut un peu plus, elle prend sur les revenus de la dotation, qui sont sa fortune particulière. Par conséquent, le déposant reçoit 3 1/4 0/0 (3 fr. 25) pour 100 francs par an.

« Quand les versements d'un même déposant atteignent 1,000 francs, ce qui est le maximum d'un crédit individuel dans la législation actuelle, la caisse achète pour lui 50 francs de rente (ou moins, selon le cours), et lui en remet le titre, ou elle le garde, au choix du déposant. Beaucoup de déposants prient la caisse de se charger de la garde du titre; cela vaut mieux que de l'avoir chez soi, où il pourrait être brûlé ou volé; de plus, tous les trois mois, la caisse détache le coupon de la rente, touche les intérêts et en *crédite* le déposant, c'est-à-dire l'inscrit à son profit comme si c'était un versement. Car, dès que la rente a été achetée, le compte du déposant est allégé ; il peut recommencer ses versements à l'infini, de sorte qu'en s'y prenant bien, cette limitation à 1,000 francs est comme non avenue.

— Mais pourquoi limite-t-on l'épargne ?

— On se garde bien de limiter l'épargne, c'est la dette flottante qu'on limite. La dette flottante est surtout représentée par des fonds dont on peut à tout instant demander le remboursement. Il ne faut pas qu'une pareille dette soit trop grande, car elle impose à l'État la nécessité de tenir prêtes de fortes sommes dont il paye l'intérêt sans en tirer aucun profit. C'est comme si l'on voulait conserver un bloc de sel dans la rivière, il serait bientôt fondu. Or, les rentes que la caisse achète pour le déposant ne sont pas des fonds remboursables à volonté, c'est un titre qui rapporte tous les trois mois à jour fixe des « arrérages », lesquels sont d'ailleurs plus élevés que les intérêts de la caisse. Que le déposant fasse acheter par la caisse n'importe quelle somme de rente, l'État est désintéressé, il ne doit ni plus ni moins, la rente n'ayant fait que changer de main.

— Sont-ils nombreux les déposants à Paris ?

— A la fin de l'année 1878, ce nombre avait déjà dépassé

le chiffre de 304,000, et la somme due était d'à peu près 57,300,000 francs. Dans le courant d'une année, les personnes économes versent au delà de 20 millions à la caisse ; d'autres personnes, ou les mêmes, ont besoin d'argent et se font rembourser une partie de ce qui leur est dû, mettons en tout 15 millions. Il reste donc 5 millions (plus ou moins) pour grossir la somme totale des épargnes.

— Il est question, dit Mme Duval, de créer en France une caisse d'épargne postale, comme dans d'autres pays.

— C'est vrai, et cette caisse postale doit rendre des services à la campagne ; mais je crois qu'on aurait pu s'en passer dans la ville de Paris. Je voudrais bien savoir si les bureaux de poste conserveront en garde les titres achetés pour les déposants et leur rendront les services que leur rend la caisse d'épargne existante.

— Les sociétés de secours mutuels n'ont aucun rapport avec les caisses d'épargne ?

— Il n'y a pas nécessairement de rapports entre elles, la loi les a cependant prévus et a accordé une faveur aux sociétés. Cette faveur consiste à autoriser les caisses à recevoir collectivement, des sociétés de secours mutuels, une somme égale à celle qui résulterait des versements faits par chacun des membres individuellement.

— Je ne comprends pas bien, dit Henri.

— C'est pourtant bien simple, la société de secours mutuels est comme une personne, une individualité, elle ne devrait donc, strictement parlant, pouvoir déposer que

1,000 fr., mais c'eût été bien gênant ; on a donc permis les dépôts collectifs supérieurs aux dépôts individuels.

— Vous avez à Paris, dit Gaston, des sociétés reconnues, des sociétés approuvées et des sociétés autorisées, comme chez nous ?

— Sans doute, c'est la même loi ; je ne veux pas l'exposer en ce moment dans tous ses détails, car je crois que les différences ne sont pas, dans la pratique, aussi importantes que l'on croit. Il est seulement nécessaire de savoir que les sociétés autorisées sont des sociétés qui sont régies par le droit commun, tandis que les sociétés reconnues et les sociétés approuvées jouissent de privilèges. La différence n'est pas grande entre ces deux dernières. Les sociétés reconnues (comme établissements d'utilité publique) sont peu nombreuses et n'ont d'autre avantage sur les sociétés approuvées que de pouvoir posséder des immeubles. Ces deux sortes de sociétés sont placées sous la surveillance de l'autorité municipale, elles ont droit à un local pour leurs réunions, les communes doivent leur fournir les livrets et les registres de comptabilité, etc.

— Et pourquoi leur confère-t-on ces avantages ? demanda Henri.

— Pourquoi ? tu ne sais donc pas que les sociétés de secours mutuels sont composées d'ouvriers qui versent une cotisation mensuelle, généralement de 1 fr. ; en vertu de ces versements ils ont droit, en cas de maladie, à tant par jour, et en outre à des visites de médecin, à des médicaments et autres avantages convenus. Ces sociétés rendent donc de très grands services, des services moraux et des services matériels.

— Des services moraux ?

— C'est évident, puisque le secours en cas de maladie n'est pas une charité, un cadeau, mais un remboursement, comme dans les assurances. Il y a, en effet, un rapport proportionnel entre les cotisations mensuelles et le montant des secours ; une commission qui siège au ministère de l'intérieur est chargée d'y veiller, car les ouvriers n'ont pas toujours le savoir nécessaire pour calculer les rapports ; ils ne se doutent souvent même pas qu'il existe un rapport entre les recettes et les dépenses, et ils pourraient se lancer dans des engagements qu'ils ne pourraient pas tenir. Cela s'est vu. Je me hâte d'ajouter que les engagements imprudents se font sans qu'on s'en rende compte. Vous seriez-vous imaginé, si des gens expérimentés ne vous l'avaient pas dit, que les sociétés, pour prospérer, doivent renfermer des gens de tous âges, parce que les chances d'être malade ou aussi de mourir ne sont pas les mêmes pour les jeunes et pour les vieux ?

— Les membres honoraires sont là pour aider, dit Mme Duval.

— Les membres honoraires, répond M. Duval, payent leur cotisation, sans recevoir de secours ; les secours sont réservés aux membres participants. Leur aide peut être nécessaire dans certains cas ; par exemple, quand le nombre des membres âgés est grand ; mais, en principe, leurs contributions ne devraient pas servir pour les cas de maladie, elles devraient pouvoir être employées uniquement à fournir un fonds de retraite pour la vieillesse. Et en effet, les cotisations des membres honoraires commencent à rendre ce service, qui ira en grandissant.

— Il faudrait que tout le monde fît partie des sociétés de secours mutuels, les uns comme participants, les autres comme honoraires.

— Ce serait, en effet, très désirable, et j'espère qu'on y arrivera. En attendant, tous ceux qui voudraient parler du travail, des salaires, du chômage et de choses pareilles, devraient d'abord prouver qu'ils sont membres d'une de ces sociétés. Cela paraîtrait drôle d'abord. De même qu'on demande dans certains cas au marchand s'il a sa patente, à l'orateur des réunions plus ou moins publiques on devrait demander sa quittance de cotisation avant de lui permettre de prononcer son discours.

— Pas de quittance, pas de discours, dit Henri en riant.

— Combien existe-t-il de sociétés dans le département de la Seine ? demanda Gaston.

— Le département de la Seine compte 221 sociétés approuvées et 302 sociétés autorisées; les premières comprennent près de 20,000 membres honoraires et plus de 80,000 membres participants, les autres 2,500 honoraires et 65,000 participants; les unes possèdent près de 11 millions, et les autres à peu près autant.

— Mon oncle, dit Gaston, nous reparlerons plus longuement des sociétés de secours mutuels, car je voudrais en être membre, si c'est possible.

— C'est parfaitement possible : hommes, femmes, enfants, tout porteur de cotisation est reçu ; mais le droit d'entrée peut différer selon l'âge et selon le sexe.

— Je vais en prendre bonne note. Mais notre programme d'aujourd'hui ne comportait-il pas une troisième institution ?

— Oui, le mont-de-piété.

— Nous n'avons pas cela dans notre commune.

— On n'en trouve que dans les villes. C'est un établissement placé sous l'autorité municipale et qui prête sur gage. Les monts-de-piété sont destinés à venir en aide aux personnes qui sont dans la gêne, qui ont un besoin immédiat d'argent et qui ne jouissent pas de crédit. Le plus souvent ce sont des gens pauvres qui s'adressent au mont-de-piété ; quelquefois aussi des imprévoyants y ont recours. On paye des intérêts pour l'argent qu'on emprunte sur le gage, et cette sorte d'affaire n'est nullement avantageuse ; aussi chacun devrait faire les plus grands efforts pour ne pas en avoir besoin. C'est précisément à l'aide de la caisse d'épargne et des sociétés de secours mutuels qu'on peut se mettre en état de se passer du mont-de-piété. »

CHAPITRE V

APPROVISIONNEMENTS.

M. Duval, son fils et Gaston revenaient de la Halle aux vins ; ils avaient déjà visité antérieurement les Halles centrales, la Halle aux grains ainsi que l'abattoir de la Villette, et les jeunes gens étaient émerveillés de la grandeur de ces établissements.

— C'est loin d'être tout, dit M. Duval, et il n'y a pas lieu de s'en étonner, car Paris est une si grande ville ! Il y a une population de deux millions d'habitants à nourrir et à chauffer, sans compter les autres besoins quotidiens qu'il faut satisfaire.

— Est-ce le gouvernement ou la ville qui veille à l'approvisionnement ? demanda Henri.

— On peut répondre à la fois : ni l'un ni l'autre, et tous les deux.

— Comment cela ?

— C'est tout simple. Aucune autorité ne fait venir le le pain, le vin, la viande et les autres denrées qu'il nous faut. Des cultivateurs, des meuniers, des commerçants et des industriels de toutes professions s'en chargent. Les uns apportent leur superflu au marché ; les autres, prévoyant les demandes des consommateurs, se mettent d'avance en mesure de les satisfaire.

— Ce n'est pas par bonté qu'ils le font, fit Henri, c'est pour gagner de l'argent.

— Tu n'en profites pas moins, dit sévèrement son père. Si tu avais faim, tu payerais volontiers quelqu'un pour te chercher du pain. Il faut admirer cette organisation qui amène chacun à rendre service à la communauté, tout en soignant ses propres intérêts. Si la société dépendait uniquement de ce qu'on ferait par dévouement, elle succomberait bientôt. D'ailleurs ceux qui se dévoueraient ont également des besoins : qui les satisferait ?

— Si les choses vont ainsi toutes seules, comment intervient l'autorité ?

— Elle enlève les obstacles, facilite les communications, tient des locaux appropriés à la disposition des vendeurs et des acheteurs, veille à la sécurité publique. Elle intervient donc plutôt indirectement que directement.

— Les locaux que nous avons vus appartiennent-ils tous à la ville ?

— Presque tous, comme nous allons voir.

— Commençons par le local consacré au pain.

— Tu veux dire par la Halle aux grains et aux farines. Le marché de la vente en gros des céréales a été ouvert en 1767. On y établit des facteurs, c'est-à-dire des hommes de confiance, qui déposent un cautionnement et qui sont rétribués par les personnes auxquelles ils rendent service.

Le conseil municipal a fixé, en 1872, cette rétribution à 50 cent. par sac de 100 kil., dont un dixième pour la ville.

— Mais à quoi servent les facteurs ?

— A quoi ils servent ? Suppose que tu aies récolté à Monteau dix sacs de froment et que tu veuilles les vendre à Paris, sans venir toi-même. A qui les enverrais-tu ? Si tu connaissais un commissionnaire, tu le chargerais peut-être de la vente, pour laquelle il se ferait d'ailleurs rétribuer, comme c'est son droit. Si tu ne connais personne, tu t'adresses à un facteur, qui devient ton mandataire et vend ton blé au mieux de tes intérêts. Il encaisse l'argent et te le transmet.

« Autrefois, il convient de l'ajouter, les facteurs de la Halle au blé — et aussi les facteurs des autres halles — avaient une importance plus grande ; leur nombre était limité, et ils jouissaient de quelques privilèges. Peu à peu il s'est établi des maisons de commission qui leur font concurrence, et surtout, il s'est établi des rapports directs entre les meuniers des environs de Paris et nos boulangers, de sorte que, sur un ensemble de 2,500,000 quintaux de farine consommés à Paris, les facteurs ne livrent pas actuellement plus de 250,000 quintaux aux acheteurs, soit un dixième.

— La fonction a cessé d'être productive pour les facteurs, dit Gaston.

— Aussi, pour les grains, sur douze facteurs en titre, quatre seulement ont opéré en 1877 ; sur quatorze facteurs en farines, six ont fait des déclarations de vente.

— Et en 1878 ? demanda Henri.

— En 1878 intervint un changement important. Le décret du 23 janvier fit cesser, à partir du 1er avril, la limitation du nombre des facteurs dans toutes les halles, et supprima leur privilège ; maintenant chacun peut se présenter à la halle pour offrir des marchandises et les vendre à l'amiable.

— Alors peut se faire facteur qui veut ?

— Pas tout à fait ; il ne s'agit que de la vente à l'amiable, on n'est pas facteur pour cela. Il est utile qu'il reste des hommes offrant des garanties de savoir et d'honorabilité, on a donc posé des conditions. Un registre des facteurs est ouvert au greffe du tribunal de commerce de Paris ; pour y être inscrit, il faut : 1° en faire la demande au tribunal ; 2° justifier de sa moralité par un certificat du maire de sa résidence ; 3° de sa capacité professionnelle par une attestation de cinq commerçants de la spécialité faisant partie de la liste des électeurs consulaires [1] de Paris ; 4° enfin, du versement à la caisse de la ville d'un cautionnement de 10,000 francs. Le tribunal décide de l'admission. Tout facteur admis prête serment « de remplir avec honneur et probité les devoirs de sa profession ». Les facteurs peuvent seuls procéder à la vente à la criée.

— Quelle sorte de vente est-ce, cela ?

1. C'est-à-dire les commerçants établis qui prennent part à l'élection des membres du tribunal de commerce.

— C'est la vente aux enchères. On *crie* les prix offerts, on parle très haut, pour que la foule présente puisse entendre.

— Est-ce que le blé est vendu à la criée ?

— Je ne l'ai jamais entendu dire, ni des grains, ni de la farine. La vente aux enchères ne s'appliquerait pas aisément, je crois, à ces denrées. Je viens de parler des facteurs en général, car il y en a aux autres halles et même à des marchés moins importants.

— Nous connaissons maintenant le marché aux grains et à la farine, passons au marché aux bestiaux.

— Autrefois, les bouchers de Paris se fournissaient à divers marchés situés dans les environs, mais on a pensé avec raison que l'approvisionnement serait facilité, s'il y avait un marché dans Paris même. Ce marché a été ouvert en 1867, à la Villette. C'est une compagnie qui l'a entrepris, et la ville la rembourse en 50 annuités. La compagnie perçoit les produits du marché et l'entretient moyennant une allocation annuelle à forfait de 140,000 francs. Ce marché peut contenir à la fois 5,000 bœufs, 27,000 moutons, 3,000 veaux et 4,500 porcs. Il y a aussi de grandes étables.

— Les propriétaires des animaux payent un droit de place ?

— Sans doute. Par bœuf ou vache, 3 fr. au marché et 50 cent. par jour à l'étable ; par veau, 1 fr. au marché et 20 cent. à l'étable ; par mouton, 30 cent. et 5 cent. ; par porc, 1 fr. pour la place au marché et 10 cent. par jour à la porcherie.

— Vient-il beaucoup de bétail sur ce marché ?

— Entre 250,000 et 280,000 bœufs et vaches, et environ autant de moutons, 35 à 40,000 veaux, près de 200,000 porcs.

— Ces animaux sont vendus par des facteurs ?

— On en avait nommé 18 lors de l'ouverture du marché ; mais, comme les ventes s'organisaient sans eux, ils ont donné, l'un après l'autre, leur démission ; il n'y en a plus.

— On n'en a sans doute pas besoin. Les bouchers doivent généralement acheter directement le bétail et le faire conduire immédiatement au grand abattoir qui est tout près. Il y a aussi des commissionnaires.

— L'abattoir de la Villette n'est pas le seul, je crois.

— Non, il y a encore ceux de Grenelle et de Villejuif pour les animaux de boucherie, et celui des Fourneaux pour les porcs. L'idée d'établir des abattoirs a été admise, par le gouvernement, dès 1807. En 1808, on en commença la réalisation, mais ce n'est qu'en 1818 qu'on put ouvrir les cinq abattoirs d'alors : Roule, Montmartre, Popincourt, Grenelle et Villejuif. Les trois premiers ont été fermés successivement en 1868, 1872 et 1873, à mesure que l'abattoir général de la Villette s'achevait.

— Oh ! c'est ce dernier qui est grand, et bien organisé !

— Sans doute, mais déjà on songe à l'agrandir et à en améliorer l'organisation intérieure, afin qu'il y ait de la place pour chacun et qu'on puisse faire les manipulations de la manière la plus commode, et sans danger pour la santé publique.

— Quel est le montant de la taxe d'abattage ?

— Il est de deux centimes par kilogramme de viande. Ces deux centimes produisent 2 millions 1/2 dans les abattoirs de boucherie et plus de 250,000 francs dans les abattoirs à porcs. Il y a encore des revenus accessoires, fonderie de graisses, etc. Ces sommes sont importantes [1], mais il y a aussi des charges d'entretien et de surveillance dont le détail serait sans intérêt pour nous. Il vaut mieux passer à « l'entrepôt des liquides » ou, comme on dit aussi, à la Halle aux vins.

— La Halle aux vins est située quai Saint-Bernard, à côté du Jardin des Plantes, n'est-ce pas ?

— En effet, mais la « Halle aux vins » n'est qu'une partie de l'entrepôt des liquides.

— L'autre est sans doute à Bercy ?

— En effet; avant 1860, l'entrepôt de Saint-Bernard, qui peut contenir 400,000 hectolitres de vin et 300,000 hectolitres d'alcool, suffisait, d'autant plus que Bercy, situé alors hors barrières, était tout près et servait d'entrepôt effectif. A partir du 1er janvier 1860, les limites de Paris étaient portées jusqu'aux fortifications, et Bercy se trou-

---

1. Gaston calcula par la suite que ces sommes indiquent une consommation de 125 millions de kil. de viande de boucherie et 12 millions 1/2 de viande de porc.

vait englobé dans Paris. Il y avait là, dans les magasins particuliers, un peu plus d'un million d'hectolitres de vin et d'eau-de-vie qui, à la rigueur, devaient immédiatement acquitter les droits. C'eût été une exigence impossible à réaliser. La loi a donc accordé à Bercy la faculté d'entrepôt à domicile pendant dix ans. Depuis lors, l'administration a acheté des immeubles à Bercy et a établi des entrepôts provisoires, mais on s'occupe d'ériger sur les terrains acquis un établissement digne de Paris et pouvant contenir 1,016,000 hectolitres.

— Comment peut-on savoir d'avance quel nombre d'hectolitres on placera dans l'entrepôt ?

— L'expérience indique qu'on peut placer 5 hect. par mètre carré, le calcul est donc facile à faire. On pense que le prix de location sera de 1 à 3 francs par hectolitre, selon la situation des magasins. Ce sont de faibles sommes en comparaison de celles qu'il faudrait dépenser, s'il n'y avait pas d'entrepôt : d'abord, il faudrait aux marchands des magasins ; puis, ils seraient obligés de débourser d'avance les contributions indirectes et l'octroi. Si les commerçants étaient tenus à toutes ces dépenses, le prix des vins serait plus élevé en proportion.

— Après le vin et l'eau-de-vie, dit Henri, le bois et charbon.

— J'ai entendu dire, fait remarquer Gaston, que l'approvisionnement de Paris en combustible avait donné lieu à une réglementation importante.

— Il n'y a pas de réglementation pour le combustible qui arrive par chemin de fer, dit M. Duval, si ce n'est qu'on ne peut pas établir de dépôt ou chantier de bois et charbon sans une autorisation du préfet de police. Mais il vient beaucoup de bois par la rivière ; autrefois, c'était même le seul moyen d'approvisionner Paris en combustible, et pour en assurer la régularité, un certain nombre d'actes réglementaires sont intervenus, notamment la célèbre ordonnance de 1672, dont quelques dispositions protectrices du commerce sont encore en vigueur.

— Le bois arrive par trains, n'est-ce pas ? demanda Gaston.

— Et aussi en bateau. Le bois provient des forêts du Morvan, de la Champagne, de l'Orléanais et même des autres parties de la France ; il est amené à Paris par les voies navigables, notamment la Seine et ses affluents, et aussi par le canal de Briare. Beaucoup de ruisseaux ou petites rivières prêtent leur concours au commerce du bois.

— Il y a donc des ruisseaux navigables ?

— Non, mais il y a des ruisseaux ou petites rivières flottables, du moins dans la forme qu'on appelle « à bûches perdues ». Quand le bois est coupé et débité en bûches ou morceaux de 2 mètres de longueur, on les marque et on les lance une à une dans le petit cours d'eau. Souvent, pour favoriser le flottage, on lâche un courant formé par l'eau d'un étang. Les bûches tendent parfois à s'arrêter en route, mais des hommes armés de perches les suivent et les poussent dans le courant. Elles arrivent ainsi peu à peu à l'endroit où la rivière est assez forte pour que le flottage puisse avoir lieu par trains. C'est le port de navigation. Là le bois est arrêté par un barrage. Les bûches sont triées, celles qui appartiennent au même propriétaire sont réunies en tas, et l'on prépare des trains de 72 à 75 mètres comprenant 180 à 200 stères de bois, pour les conduire à Paris.

— Ce sont les propriétaires des forêts qui font faire tout cela ?

— Quelquefois ; le plus souvent, peut-être, les marchands de bois de Paris achètent le bois en forêt, même sur pied, et leurs agents font toutes les opérations. Pour qu'elles se fassent mieux et à moindre frais, les marchands de bois forment une communauté. Voici comment s'exprime sur ce point le préambule des statuts de 1851 :

« De temps immémorial, les marchands de bois à brûler
« pour l'approvisionnement de Paris sont réunis en société,
« avec l'autorisation et sous la protection du gouverne-
« ment. Loin d'être un acte purement volontaire, leur
« association est la conséquence forcée d'opérations essen-
« tiellement collectives, qui ont pour objet les arrivages,
« la conservation et le garage des bois à brûler destinés à
« la consommation de Paris ; la navigation et les flottages
« ne peuvent s'opérer, notamment sur la Haute-Yonne et
« ses affluents, que par convois de trains et de bateaux, au

« moyen d'éclusées ou lâchage simultané des eaux préala-
« blement retenues et amassées aux frais du commerce
« de bois à brûler, sur différents barrages et pertuis
« établis à cet effet de distance en distance ; un pareil
« système de navigation exige un service de préposés,
« d'ouvriers et de chevaux de halage, des cordes, bachots,
« agrès et autres équipages que chaque marchand ne
« pourrait se procurer isolément, ce qui explique comment
« l'origine de cette association, dont l'existence est cons-
« tatée par un très grand nombre de dispositions spéciales
« dans les anciens règlements, remonte à l'époque du
« premier établissement des flottages sur les rivières où
« la navigation est artificielle. »

« La communauté est représentée par une chambre
syndicale élue ; cette chambre présente au ministre des
travaux publics les candidats pour les emplois de garde-
port et autres (décret 21 août 1852); elle entretient un
personnel nombreux, et, pour couvrir ses dépenses, elle
répartit sur l'ensemble des membres de la communauté une
taxe de cotisation dont la perception est autorisée annuellement par un décret rendu en vertu de la loi du 16 juillet
1840.

— C'est assez pour aujourd'hui, dit Mme Duval, vous
pourrez reprendre demain la suite de cette conversation.

— Un mot encore, je voudrais seulement savoir, dit
Gaston, combien on consomme de combustible à Paris.

— On consomme, répond M. Duval, 375,000 stères de

bois dur, 280,000 stères de bois blanc, 72,000 stères de cotrets, 5 millions d'hectolitres de charbon de bois et 8 millions de quintaux de charbon de terre. »

CHAPITRE VI

HALLES ET MARCHÉS.

« Le blé, le bétail, le vin, le combustible dont nous avons parlé hier, dit M. Duval, ne sont pas les seules marchandises alimentaires qu'on envoie à Paris par masses considérables, qui se vendent d'abord à des marchands en gros et qui passent des mains de ces derniers aux détaillants chez qui le public vient les acheter.....

— Il me semble, interrompit Henri, que les marchands en gros sont de trop. Le producteur devrait vendre immédiatement au détaillant et même au consommateur.

— Cela se fait, mon fils, quand c'est possible. Producteurs et consommateurs savent, chacun de son côté, que les intermédiaires dans le commerce veulent vivre du produit de leur travail et des services qu'ils rendent, ils cherchent donc à éviter leur intervention ; mais l'expérienc a montré que, sans eux, les choses ne marcheraient pas.

— Je ne vois pas trop.....

— Tu ne vois même pas assez, mon fils. Voilà, je suppose, un boucher qui ne vend au détail qu'un quart de bœuf, comment veux-tu qu'il aille au marché acheter un bœuf entier? Quant à l'éleveur, qui demeure à 200 kilomètres de Paris, ce n'est pas son affaire que de vendre le bœuf par morceaux. D'abord, ne sachant pas comment s'y prendre, il ne gagnerait rien à l'opération, mais dût-il y gagner 10, 20 ou 30 fr., que le voyage à Paris et tous les dérangements qui s'ensuivent lui causeraient bien une perte au moins équivalente. Il est donc bon qu'il y ait des bouchers en gros, dits chevillards, parce qu'ils vendent la viande par grandes pièces accrochées à des chevilles. C'est chez eux que les détaillants se fournissent en choisissant chacun les morceaux qui sont le plus recherchés dans leur quartier. Ici ils ont le choix, au grand marché ils ne l'auraient pas eu.

— Oui, cela peut être bon pour la viande, insiste Henri, mais pour d'autres produits?

— Lorsqu'il faut de grandes quantités de n'importe quoi, les marchands en gros sont indispensables. Par exemple, dans les villages d'un département éloigné, chaque paysanne récolte quelques œufs par jour, comment les faire venir à Paris? Mettra-t-on les œufs dans une lettre ou les enverra-t-on par le télégraphe? Tu ris avec raison. En réalité, comment les choses se passent-elles? Il y a, sur les lieux ou dans le voisinage, des gens qui achètent ces petites quantités, en réunissent beaucoup et les envoient à Paris dans des caisses ou des tonneaux. Envoyer à la fois 20 et même 40 œufs à Paris, cela ne coûte pas plus que d'envoyer un seul œuf (c'est par 10 kil. qu'on compte en chemin de fer).

— Il est évident que le grand commerce est indispensable, dit Gaston. Il y a des marchandises qu'il faut faire venir des pays étrangers et même de fort loin.

— Vous voilà en tout cas bien loin des halles et marchés de Paris, dit Mme Duval.

— Revenons-y bien vite, reprit M. Duval. L'emplacement des Halles centrales est consacré de temps immémorial à l'approvisionnement de Paris; mais, pendant longtemps, il n'y avait là que des hangars, des abris qui mesuraient 8,860 mètres carrés, tandis que les Halles actuelles, dont la construction a été décrétée par l'ordonnance royale du 17 janvier 1847, quand elles seront complètement achevées, occuperont 87,790 mètres. On y vend en gros, le matin et à certaines heures; le reste de la journée est consacré au détail. Autrefois, les denrées ou comestibles destinés à la vente en gros à la Halle ne payaient pas d'octroi, mais un droit proportionnel spécial; actuellement, ce droit est supprimé, et toutes les marchandises acquittent les mêmes taxes aux portes de la ville (décret du 30 décembre 1878). Il en est résulté deux grands avantages : l'égalité des taxes et la simplicité des procédés.

— Probablement aussi moins de fraudes.

— C'est ce qu'on dit. En tout cas, on n'a plus besoin de surveiller les voitures pour voir si elles vont à la Halle, et si elles ne déchargent rien en route.

— Il n'en existe pas moins des règlements pour le bon ordre, pour la salubrité et pour le payement des droits de place ou d'abri?

— Naturellement, mais ces règlements diffèrent selon la marchandise, ou, ce qui est la même chose, selon le local.

— Comment est-ce la même chose?

— Parce que les différents pavillons des Halles centrales sont consacrés chacun à des marchandises déterminées. Ainsi, au pavillon 3 se vend en gros, à l'amiable ou à la criée, de la viande de bœuf et de mouton; on y apporte de la viande abattue hors Paris, ce qui fait une certaine (mais bien faible) concurrence aux viandes vendues dans la même forme à l'abattoir de la Villette. La viande paye à l'octroi entre 8 et 9 centimes le kilogramme. Le droit d'abri, à la Halle, est de 2 fr. à 2 fr. 10 par 100 kil., la rémunération des facteurs est de 90 centimes. Partout les viandes corrompues sont saisies par les agents de l'autorité.

— Est-il bien nécessaire de vendre de la viande à la Halle centrale, puisqu'il y a les grands abattoirs et les boucheries particulières?

— On croit que oui ; certains morceaux en reviendraient moins chers, dit-on, surtout à la criée. Mais, à la Halle, (pavillons n⁰ˢ 3 et 5), on vend aussi beaucoup au détail.

— Soit. Passons maintenant en revue les matières alimentaires pour lesquelles les grandes Halles sont le centre de la vente en gros.

— Ce sont d'abord les poissons, dit Henri.

— On distingue les poissons d'eau douce de la « marée » ou poissons de mer; mais le *droit d'abri*[1] est de 1 fr. les 100 kil. pour les uns et les autres. Il y a encore une petite rétribution pour le facteur. Pour les poissons d'eau douce, le commerce est interrompu pendant la durée de l'interdiction périodique de la pêche ; les poissons entretenus dans les étangs et les réservoirs particuliers peuvent seuls être offerts en vente. Les poissons de mer sont généralement vendus à la criée, par lots; le poisson frais est une marchandise dont il faut se défaire sans retard. Au fur et à mesure qu'un lot arrive, on lui donne un numéro, et on le met aux enchères à son tour.

— Vient-il beaucoup de poisson à Paris?

— Les chiffres varient naturellement d'une année à l'autre et tendent à augmenter. On peut compter sur plus de 3 millions de kil. de poisson d'eau douce, sur 20 millions de kil. de poisson de mer, 4 millions de kil. de moules et 70,000 centaines d'huîtres. Les huîtres diminuent depuis quelque temps, car on en a déjà vendu près de 120,000 centaines. Le pavillon n⁰ 9, où se vend le poisson, rapporte

---

1. Le droit de place est payé par le détaillant. La vente en gros se fait le matin et très rapidement, un simple abri suffit.

à la ville 114,000 à 115,000 francs par an, à peu près autant que le pavillon n° 3 (viande) ; le pavillon n° 5 (charcuterie et triperie) ne rapporte que 74,000 francs.

« Je n'ai pas besoin de dire qu'il y a des règlements concernant la salubrité des marchandises et la loyauté de la vente, et qu'à ces deux points de vue les transactions se font sous la surveillance de l'autorité.

— Après le poisson, la volaille et le gibier, comme dans un grand dîner, dit Henri.

— La volaille et le gibier se vendent au pavillon 4. Une partie de l'espace est réservée aux approvisionneurs qui vendent à l'amiable, une autre aux facteurs, qui vendent surtout à la criée. Les règlements entrent dans de menus détails, qui n'intéressent que les marchands. Ce qui serait plus curieux, ce serait de pouvoir donner les quantités consommées, en indiquant leur provenance. Par exemple, Gaston voudrait savoir combien de poules sont venues de Monteau se faire manger à Paris. Impossible de le lui dire ; je n'ai vu l'acte de naissance d'aucun poulet, je sais seulement qu'on en vend à peu près 4,200,000 sur les Halles, et, comme on en porte ou envoie bon nombre directement aux consommateurs, on peut dire qu'il se consomme 4 1/2 millions de poulets par an à Paris. En outre, 750,000 canards, 1,600,000 lapins, 550,000 oies, 320,000 dindes, 1,600,000 pigeons, 180,000 lièvres, 420,000 perdreaux, 57,000 faisans, 8,200 cerfs et chevreuils, etc. Ce pavillon rapporte 130,000 francs de droits.

— Et où vend-on le beurre ?

— Le beurre, les œufs, les fromages se vendent par les facteurs au pavillon 12, par les approvisionneurs au pavillon 10 (partie nord-est). Le droit d'abri est de 1 franc par 100 kil., et la rétribution des facteurs est de 0 fr. 90 0/0 sur les beurres et œufs et de 1 fr. 80 0/0 sur les fromages. Ces différences s'expliquent sans doute par la grosseur des lots. Il y a autant de peine à vendre un lot de 10 francs qu'un lot de 100 francs, mais il ne rapporte pas autant. Quant aux règlements, je ne sais si les détails vous intéresseraient : par exemple, à quelle heure on commence la vente, quelle déclaration il faut faire, où il faut décharger, où les beurres sont pesés ; puis, les dispositions sur le beurre en mottes et le beurre en pains d'un demikilogr., sur la visite faite par les inspecteurs au point de vue de la salubrité. Souvent aussi les usages commerciaux se mêlent et se confondent avec les règlements administratifs.

« Qu'il nous suffise de savoir que Paris consomme 10 à 11 millions de kilogr. de beurre, 236 à 237 millions d'œufs et 8 à 9 millions de kilogr. de fromage, dont un peu plus de 1 million de Brie, 1,800,000 de Neufchâtel, 100,000 de Livarot, 2 millions de Mont-Dore, etc., etc.

— Nous voici arrivés, je pense, aux fruits et légumes ?

— On dit aussi « produits du jardinage ». Paris est approvisionné en fruits et légumes, d'abord par les cultivateurs et jardiniers ou maraîchers du département de la

Seine, et ensuite par des expéditeurs qui envoient leurs denrées de loin, souvent de très loin. Il en vient de l'Algérie et d'autres pays méridionaux. Les cultivateurs du voisinage de Paris qui apportent leurs produits viennent de grand matin sur ce qu'on appelle le *carreau* de la Halle, dans les rues qui forment le pourtour de ces grands marchés. Ils déposent leurs produits par terre dans des sacs, paniers ou autres contenants, en payant un droit de 30 centimes, ou, s'ils sont abrités, de 40 centimes. Quand ils ont vendu leurs marchandises, ou lorsque la cloche indique la fin du marché en gros, ils s'en vont.

« Les fruits et légumes qui arrivent à Paris sans être accompagnés par les producteurs sont adressés aux facteurs, ou à des commissionnaires qui se chargent de la vente. De grandes quantités de ces produits sont vendues à la criée, et la ville perçoit un droit d'abri par 100 kil., qui est de 2 francs pour les fruits fins, de 1 franc pour les fruits ordinaires et pour certains légumes, de 50 centimes pour d'autres légumes (moins chers), de 25 centimes pour le cresson. Ces droits d'abri rapportent, avec les places des forains (cultivateurs des environs de Paris), presque 400,000 francs à la caisse municipale.

— On doit savoir combien de fruits et de légumes se vendent en une année à Paris?

— Sans doute, mais les chiffres sont très variables, selon que la récolte a été bonne ou mauvaise. Par exemple, on a vendu à la criée, pommes de terre: en 1875, 321,000 kil.;

en 1876, 741,000 kil.; en 1877, 571,000 kil., et ainsi de suite.

— On ne vend pas qu'en gros à la Halle? dit Henri.

— Dans la journée la vente au détail y est même très active, mais, malgré les petits avantages dont ils jouissent, les marchands et marchandes de la Halle ne font qu'une bien faible concurrence aux bouchers, charcutiers, marchands de comestibles et fruitiers disséminés dans la ville.

— Quels sont ces avantages ?

— Le prix des places — qui est fixé par le conseil municipal — n'est pas aussi élevé, du moins le plus souvent, que celui d'une boutique; puis, ils sont considérés comme étalagistes et soumis, comme tels, au demi-tarif de la patente spéciale à leur industrie. Mais, dans sept pavillons actuellement ouverts, il n'y a que 1,445 places ; tout autour, on compte 173 places de marchandes aux *petits tas ;* puis il y a encore des places pour les marchands d'huîtres, pour les horticulteurs et maraîchers. Les Halles centrales rendent surtout service pour la vente en gros ; pour le commerce de détail, les Halles ne sont presque qu'un grand marché de quartier, comme il y en a beaucoup à Paris.

— Combien y a-t-il de marchés de quartier ?

— Il y en a plus de 40. Ces marchés sont de deux sortes : les uns, au nombre de 21, sont régis par l'administration, les autres sont concédés à des particuliers.

« Les marchés régis se divisent en marchés couverts tenant tous les jours, et en stationnements sur la voie publique, tenant une, deux ou trois fois par semaine. Ce sont généralement des cultivateurs (forains, du dehors) qui viennent, à ces jours de marché, étaler leurs produits dans la rue et qui s'en vont dès qu'ils les ont vendus. Les forains se placent selon leur tour d'arrivée, ils payent leur place et une somme minime pour le balayage du marché. Les marchands sédentaires s'abonnent et payent par semaine. Les marchés aux fleurs sont régis par l'administration.

— Et les marchés concédés ?

— Ils sont au nombre de 24, dont 22 marchés de quartier et 2 marchés spéciaux. Les conditions générales qui régissent la plupart des concessions peuvent se résumer ainsi : le concessionnaire supporte les frais de premier établissement du marché, ainsi que les frais d'entretien et d'administration de tous genres ; il distribue les places et en perçoit les prix, suivant un tarif déterminé par le traité entre lui et la ville ; il verse annuellement à la caisse municipale une redevance fixe, et, en outre, une part de ses bénéfices, quand ils dépassent une certaine somme suffisante pour couvrir les frais, payer les intérêts du capital et l'amortir. Les concessions sont limitées, généralement à 50 ans, quelques-unes atteignent 70 et même 80 ans.

— Ce sont des sociétés qui obtiennent la concession d'un marché ?

— Généralement. Il en est quatre ou cinq qui appartiennent à des particuliers, et une « Compagnie générale des marchés » en possède une douzaine. L'ensemble des marchés concédés rapporte à la ville 424,500 francs. S'il n'y avait pas tant de places vacantes, le produit serait supérieur.

— Pourquoi y a-t-il tant de places vacantes ?

— Probablement parce qu'on en a fait trop. Il semble que, pour toutes sortes de raisons, le public aime généralement mieux se fournir dans une boutique ; peut-être aussi qu'un marché bi-hebdomadaire suffit pour l'approvisionnement. C'est à examiner de près.

— Il a été question tout à l'heure de marchés spéciaux.

— Il s'agissait du marché aux chevaux et du marché aux fourrages, qui sont concédés. Il y a en outre quelques marchés aux chiens et autres, qui ne sont pas assez importants pour nous y arrêter ; mais je dois mentionner encore quatre marchés qui ne sont ni régis par la ville, ni concédés. Ils appartiennent à des particuliers, de longue date, l'un depuis 1618, un autre depuis 1746 ; mais, en vertu de la loi des 12-20 août 1790, la ville aurait le droit de racheter ces marchés. »

CHAPITRE VII

LA VOIE PUBLIQUE.

« La nécessité d'entretenir les routes, chemins, rues en état de bonne viabilité, est reconnue de vieille date ; mais cette nécessité se fait plus vivement sentir de nos jours, où le mouvement des affaires est si considérable, et où nous tenons tant à embellir nos villes.

— C'est l'utile et l'agréable, dit Henri.

— Parfaitement. Nos édiles, ou notre autorité municipale, cherchent en effet à nous assurer les deux avantages.

— Cela ne se réalise pas en un jour, fait remarquer Gaston.

— Il a fallu du temps pour transformer la sale Lutèce des vieux Parisis en ce beau Paris des modernes Français, et l'histoire des changements successifs, parfois très lents, serait instructive, mais nous ne pouvons pas nous perdre dans la nuit des temps. Nous-mêmes nous avons vu opérer bien des améliorations et des embellissements, nous savons donc comment cela se fait ; il existe d'ailleurs des dispositions législatives et administratives qui nous éclaireraient au besoin.

— On a dû bâtir au hasard, autrefois, dit Gaston.

— C'est aller trop loin, mon neveu ; seulement, comme les villes étaient entourées de murs et qu'on ne se servait pas beaucoup de voitures, les rues étaient étroites ; construites souvent le long d'un sentier, elle en suivaient les méandres, et ce qui augmentait l'irrégularité, c'est qu'on ne tenait pas à l'alignement. Au moyen âge, ces rues étroites et tortueuses rendaient service pour la défense, dans les fréquentes guerre de l'époque. Mais des temps meilleurs arrivèrent, et l'on s'y prit de différentes manières à la fois pour élargir ou pour redresser les rues. Le procédé le plus expéditif consistait et consiste encore à acheter les maisons des rues à améliorer, à démolir ces maisons et à en faire bâtir d'autres d'après un nouveau plan ; mais ce procédé héroïque est cher. Il en est un autre qui coûte peu ou rien, c'est l'obligation pour tous ceux qui veulent bâtir de demander l'alignement à l'autorité compétente, c'est-à-dire au préfet, pour la grande voirie, et au maire, pour la petite. On empêchait ainsi la continuation des rues tortueuses, et comme les maisons n'ont qu'une durée limitée et qu'il arrive un temps où il faut les reconstruire, les rues se redressent peu à peu et l'alignement s'établit.

— Il faut donc demander permission pour bâtir ?

— Il faut demander cette permission partout quand on veut construire le long des routes, chemins et rues ; mais il ne s'agit que d'obtenir délivrance de l'alignement, c'est-à-dire « la constatation régulière des limites de la voie publique, et la permission de bâtir », sans que l'autorité ait à s'occuper de l'intérieur des constructions. Pour Paris, est intervenu un décret du 26 mars 1852 [1], qui impose au constructeur le devoir de déposer au secrétariat de la préfecture le plan et la coupe de sa maison ; si, dans les 20 jours, on ne lui fait pas d'objection, il peut commencer les travaux. Du reste, on ne peut lui faire d'injonctions qu'au point de vue de la salubrité et de la sécurité publiques.

— On ne doit pas faire beaucoup d'injonctions ?

— Je crois que non.

— Et comment se délivre l'alignement ?

— D'après un plan. Chaque ville doit avoir son plan, et la plupart des villes ont en effet le leur. A Paris il y eut déjà un plan général en 1672, mais ce plan a été plus d'une fois changé depuis cette époque. Cela se comprend : la largeur des voies étant proportionnée au mouvement de la circulation, il a fallu tenir compte des changements qui s'opéraient sous ce rapport. La construction d'un marché, plus tard d'une gare de chemin de fer donnait de l'importance à une voie.

— Je le comprends. Mais quand on veut élargir une rue, les maisons sont élevées sur un nouvel alignement qui force les propriétaires à abandonner à la voie publique

---

1. Ce décret exige aussi qu'on demande le nivellement en même temps que l'alignement.

une partie de leurs terrains ; sont-ils obligés de perdre ces emplacements ?

— Nullement, la ville leur en paye la valeur. En revanche, si, pour rentrer dans l'alignement, le propriétaire avance sur la voie publique, c'est à lui de payer à la ville le terrain qu'il gagne (d'après la valeur des terrains dans le voisinage).

— Je crois me rappeler qu'en dehors de ce qui concerne l'alignement, il y a encore diverses autres prescriptions.

— Tu penses peut-être à la hauteur des maisons, qui, en effet, ne peuvent pas dépasser une hauteur déterminée en rapport avec la largeur de la rue.

— Dans les rues larges, les maisons peuvent être plus élevées, n'est-ce pas ?

— C'est évident, le maximum est de 20 mètres de hauteur pour une voie de 20 mètres de largeur ; ici les maisons n'empêchent pas l'air de circuler, et la lumière d'arriver ; le goût non plus n'en est pas blessé (Décrets 27 juillet 1859 et 18 juin 1872).

— Malgré les lois et les décrets dont je vous entends parler sans cesse, dit Mme Duval, il y a encore nombre de logements insalubres.

— Ce n'est pas la faute de la loi, répond M. Duval ; une loi spéciale, rendue le 13 avril 1850, les a pris à partie. Cette loi autorise le conseil municipal de chaque commune à nommer une commission chargée de vérifier l'état des choses, d'indiquer les moyens d'assainissement.

La commission dépose son rapport au secrétariat de la mairie ; le propriétaire de la maison où il y a un logement insalubre — c'est-à-dire des locaux réellement occupés par un locataire — est invité à faire ses observations ; l'affaire est portée devant le conseil municipal qui prescrit les travaux d'assainissement, ou, si le local n'est pas susceptible d'être assaini, interdit d'y admettre des locataires. Si le propriétaire ne trouve pas la décision juste, il peut en appeler au conseil de préfecture, mais, en tous cas, les logements insalubres seront améliorés ou fermés. En effet, la plupart des affaires s'arrangent à l'amiable, les propriétaires ne font pas de difficultés, il y a tout au plus 5 récalcitrants sur 100.

— Si l'on fait des prescriptions pour les améliorations intérieures, il doit y en avoir aussi pour l'extérieur ?

— Sans doute. Le décret du 26 mars 1852 y a pourvu. Les façades des maisons dans Paris doivent être constamment tenues en bon état de propreté. Au moins une fois tous les dix ans, sur l'injonction qui est faite au propriétaire, les maisons sont grattées, badigeonnées ou repeintes ; les contrevenants sont soumis à l'amende.

— Très bien, dit Mme Duval, seulement on ne devrait pas permettre qu'on lave ou badigeonne les deux côtés d'une même rue à la fois. Les trottoirs sont barrés à droite et à gauche, les passants sont obligés de descendre sur la chaussée, au risque de se faire écraser par les voitures.

— C'est aussi mon avis. Seulement il y a une petite difficulté, qui est d'ailleurs facile à résoudre. Pour tout travail qui, par des barrages ou des échafaudages, etc., encombre la voie publique, il faut une permission, qui se paye au profit de la caisse municipale ; en accordant la permission, on peut aisément y rattacher les conditions inspirées par les besoins de la sécurité de la circulation dans les rues, mais, lors du nettoyage périodique des maisons, il n'y a pas de permission spéciale à demander, puisqu'on obéit à un ordre général. Toutefois, rien n'empêche que le préfet ne prescrive d'autres délais pour le côté droit, que pour le côté gauche de la rue. C'est là une solution satisfaisante.

— Ce droit qu'on paye pour une permission, c'est un droit de voirie ? demanda Gaston.

— Parfaitement. Le montant de ces droits a été fixé en dernier lieu par un décret du 28 juillet 1874, vous le trouveriez donc au Bulletin des lois si vous en aviez besoin [1].

— Il y a encore une chose qui m'embarrasse : il a été dit, tout à l'heure, le côté droit et le côté gauche de la rue, mais pour deux personnes qui se regardent la droite et la gauche sont à des côtés opposés ?

— Il y a une règle pour Paris, fixée par un décret du 4 février 1805. Les numéros commencent, dans les rues parallèles à la Seine, en amont et s'élèvent en suivant le cours du fleuve ; dans les rues perpendiculaires ou obli-

1. Ou dans le *Dictionnaire de l'Administration française,* de Maurice Block, au mot *Voirie,* p. 1831.

ques à la Seine, ils commencent à l'endroit le plus rapproché du fleuve. En se plaçant à ces points de départ, et en regardant l'autre bout de la rue, les maisons qu'on a à sa droite portent les n^{os} pairs et les maisons qu'on a à sa gauche les n^{os} impairs. Ces simples indications suffisent généralement pour s'orienter dans les rues de Paris.

— Puisque nous sommes dans la rue, dit Henri, restons-y encore un peu. Je comprends bien qu'il n'y ait pas de rues sans maisons, mais les maisons ne sont pas tout...

— Il y a la voie elle-même, compléta Gaston.

— Oui, reprend Henri, elle est pavée, empierrée, asphaltée, que sais-je? D'abord, qui décide si l'on pavera ou fera autre chose?

— C'est le conseil municipal, répond Gaston, et il aura chaque fois ses raisons, ce sera la commodité, le bon marché ou une autre.

— Naturellement. Du reste, la question est beaucoup plus compliquée qu'elle n'en a l'air. J'ai là sous les yeux, dit M. Duval, un rapport détaillé renfermant de nombreux tableaux; en voici un duquel il résulte que le mètre carré des chaussées empierrées coûte à établir 6 fr. 30, et un autre me dit que le mètre carré de chaussée pavée revient à près de 17 fr. Qu'est-ce qui est préférable sous le rapport du bon marché?

— L'empierrement.

— Eh bien, il paraît que non. Il ne suffit pas, en effet, d'établir, il faut entretenir; or, l'entretien de l'empierrement est très coûteux, et somme toute, dans bien des cas, il vaut mieux paver.

— N'y a-t-il pas plusieurs sortes de pavés ? demanda Henri.

— C'est-à-dire qu'on emploie des pierres de différentes espèces et de différentes grandeurs, porphyres, grès, etc., et tantôt il y a 36 pavés par mètre carré, tantôt 32, tantôt 26 et même 16.

— Si le pavé revient en définitive à moindre prix, c'est le pavé qu'on doit préférer ?

— C'est une décision trop absolue, il y a encore autre chose que le bon marché. On paye bien 26 à 27 fr. par mètre carré d'asphalte dans certaines rues pour amortir le bruit ou pour une autre raison. Voici quelle a été, du reste, au 1er janvier 1880, la surface des chaussées et rues de la ville de Paris : pavées, 6,070,000 mètres carrés ; empierrées, 1,824,000 ; asphaltées, 309,620 ; en terre (chemins non achevés), 122,000 ; ensemble 8,325,620.

— Nous parlions des chaussées, mais il y a aussi les trottoirs.

— Nous en connaissons la surface. A la même date, les trottoirs et contre-allées en granit avaient une surface de 641,350 mètres carrés ; en bitume, de 2,245,600 ; en pavage, de 1,584,700 ; en terre ou sable, de 1,725,800 ; ensemble 6,197,450 mètres carrés. Les trottoirs et les chaussées présentent une surface réunie de 14,523,070 mètres carrés.

— Et tout cela est entretenu aux frais de la ville, cela doit causer une grosse dépense ? dit Gaston.

— Sans doute, mais il y a de fortes atténuations.

— Comment cela ?

— Nous allons le voir. Mais auparavant établissons, d'après le budget des dépenses, ce que coûte la voie publique.

« D'abord le *personnel :* Ingénieurs et agents attachés au service de la voie publique (208 personnes).   688,500 fr.

« Surveillance du nettoiement, du balayage et de l'arrosement de la voie publique (112 personnes).   302,550

« *Travaux.* Entretien du pavé de Paris........   8,202,000

« Pavage d'emplacements nouveaux, construction de trottoirs nouveaux......................   1,050,000

« Transformation de revers pavés en trottoirs (Loi du 7 juin 1845)............................   600,000

« Entretien des trottoirs bitumés..   1,190,800

« Nettoiement et arrosement...................   5,143,000

Total.......... 17,206,850 fr.

« Voilà la dépense faite, mais tout n'est pas à la charge de la caisse municipale, car il lui rentre les sommes que voici :

« Contribution de l'État dans les frais d'entretien et de nettoiement du pavé de Paris (somme annuelle).......   3,000,000 fr.

« Contribution du département (somme annuelle).   400,000

« Remboursements par les particuliers et les administrations publiques (année 1880)..........   1,148,000

4,548,000 fr.

« Cette somme de plus de 4 millions 1/2 doit être défalquée des 17,200,000 fr., restent encore 12 millions 3/4 à la charge de la ville.

— C'est sur ces remboursements, dit Gaston, que je voudrais avoir quelques détails.

— Il faut d'abord distinguer l'entretien d'une voie existante de l'établissement d'une voie nouvelle. L'entretien est à la charge la ville, mais les frais du premier établissement sont supportés par les propriétaires riverains, qu'il s'agisse de pavage ou d'empierrement. Je viens de parler de rues, avenues, boulevards qui n'avaient pas existé auparavant; mais, dans les voies anciennes, il manque souvent des trottoirs. Or, « l'utilité publique commande, dans un grand nombre de lieux, l'établissement de trottoirs ». C'est là une vérité reconnue. Depuis un certain nombre d'années, à Paris, des conventions amiables interviennent entre les propriétaires et l'administration, d'après lesquelles Paris concourt pour un sixième à la construction des trottoirs en bitume, pour un quart s'ils se font en pavés, pour un tiers si les trottoirs sont en granit. Mais, si un propriétaire refusait de se prêter à cet arrangement, il se trouverait en face de la loi du 7 juin 1845, qui a été mentionnée tout à l'heure et qui impose au propriétaire parisien la moitié de la dépense, après certaines formalités. — Dans l'ensemble des 1,148,000 fr. qui ont été remboursés, la part afférente aux trottoirs est de 300,000 fr.

— Il me semble qu'il n'a pas été question aujourd'hui de la taxe du balayage, fait remarquer Gaston.

— Nous en avons parlé une autre fois. Il suffit de dire que l'obligation imposée aux riverains de balayer le sol livré à la circulation a été convertie, par la loi du 26 mars 1873, en une taxe municipale. La taxe diffère selon que la circulation est plus ou moins active ; les rues sont classées en sept catégories, le maximum de la taxe est de 70 centimes par mètre carré, les suivantes sont de 60 centimes, 50, 40, 30, 20, 10 centimes par mètre. L'espace à balayer est égal à la largeur de la maison multipliée par la distance jusqu'au milieu de la chaussée. En payant cette taxe, les habitants sont exonérés du balayage, sauf en temps de neige. La neige est un cas de force majeure, les riverains doivent aider l'administration en balayant au moins les trottoirs.

— J'ai entendu dire qu'en pareil cas on engage parfois quelques milliers de balayeurs et de balayeuses en sus de ceux qui, tous les matins, parcourent les rues, le balai à la main.

— Pour la propreté des rues on emploie 3,120 cantonniers et ouvriers stationnaires et en moyenne 1,930 balayeurs et balayeuses auxiliaires.

— Il existe aussi, ajoute Henri, une machine qu'on nomme *balayeuse ;* mais cette machine ne marche pas en temps de neige.

— Je le crois bien, reprend Gaston. J'ai vu cette machine, c'est un cylindre que les roues d'une charrette attelée d'un cheval font tourner ; elle accumule la boue le long des trottoirs sur des longueurs d'une centaine de mètres, et souvent on ne sait pas comment traverser la rue sans se salir.

— Heureusement, dit Henri, il n'y en a pas dans le bois de Boulogne.

— Est-ce que les promenades font partie de la voie publique? demanda Gaston.

— Certainement, répondit son oncle. Toutes les règles relatives à la sécurité et à la salubrité s'y appliquent; on a seulement ajouté les dispositions nécessaires qui sont relatives à l'agrément que les promenades doivent procurer.

— Les frais sont-ils élevés ?

— Nous allons les relever dans le budget.

« *Personnel.* Promenades dans Paris. 54 personnes. 166,000 fr.

« Inspecteur des forêts et agents du

    bois de Boulogne. 47   —   58,650

« De même pour le bois de Vincennes. 43   —   54,500

« Surveillance des squares........ 68   —   87,550

    « Cela fait pour le personnel de surveillance..... 366,700 fr.

« *Matériel et travaux.* Bois de Boulogne............ 488,000

« Bois de Vincennes................................. 277,000

« Autres promenades............................... 662,500

« Pépinières...................................... 200.000

        Total........ 1,627,500 fr.

« Les promenades coûtent donc environ 2 millions à la ville de Paris, ce qui n'est certes pas trop en comparaison, non seulement de l'agrément qu'elles procurent, mais encore de leur utilité pour la santé.

— On peut dire, fait remarquer Henri, que Paris est encadré de parcs et de jardins : à l'est, le bois de Vincennes ; à l'ouest, le bois de Boulogne ; au nord, la butte Chaumont et même le parc Monceaux ; au midi, Montsouris et le jardin du Luxembourg, sans oublier le Jardin des Plantes.

— Et sans parler, ajoute Gaston, du jardin des Tuileries et des squares si nombreux, dont je ne sais même pas toujours le nom. Il faut bien le dire, vous dépensez beaucoup, messieurs les Parisiens, mais vous avez quelque chose pour votre argent.

— C'est là l'essentiel, dit Mme Duval en souriant. »

CHAPITRE VIII

MOYENS DE COMMUNICATION.

De retour d'une promenade, Gaston s'extasiait sur les multiples moyens de communication qui existent dans Paris, et dont il avait à peine eu une idée dans son village.

« A Monteau, disait-il, on fait ses courses à pied, les habitants qui ont un cheval ne songent même pas à l'atteler à leur voiture pour se faire transporter chez les voisins, ni même au delà du pont.

— C'est que ce n'est pas loin, fit Henri.

— Naturellement. On n'est d'ailleurs pas pressé, comme à Paris, et il n'y a aucune voiture de louage; il faut qu'on se transporte soi-même. Il y passe cependant un omnibus, allant deux fois par jour de la gare à un village voisin, voilà tout.

— A Paris, dit Henri, non sans une nuance de vanité, nous avons des voitures de place, des omnibus, des tramways, des bateaux, des chemins de fer, et peut-être n'est-ce pas tout encore.

— Mon oncle, s'écria Gaston, je voudrais bien avoir des détails sur tous ces moyens de communication.

— C'est facile, mon neveu, répondit M. Duval. Commencerons-nous par les voitures de place, dites aussi *petites voitures*.

— Je le veux bien.

— Celui qui veut se faire loueur de voiture va à la préfecture demander un numéro, car chaque voiture doit être numérotée. Le numéro n'est pas refusé, si l'on présente un bon cocher et une bonne voiture. Tout cocher doit être pourvu d'un permis de conduire, et toute voiture doit avoir été examinée pour en constater la solidité. La voiture (fiacre, coupé, milord, cab, etc.) peut se placer à un des 160 stationnements désignés à cet effet, en payant à la ville une redevance de 365 fr. par an. Ce droit est versé par trimestre et d'avance.

— Et les voitures sous remise ?

— Si elles sont réellement sous remise, et non sur la voie publique, elles ne doivent pas cette redevance. Mais je crois qu'il n'y a plus, ou presque plus, de ces remises comme on en rencontrait autrefois dans beaucoup de rues. Ces voitures étaient un peu plus chères que les fiacres qu'on prenait aux stationnements, parce qu'elles étaient un peu plus propres et avaient de meilleurs chevaux. On leur avait réservé les numéros rouges, tandis que les fiacres avaient des numéros jaunes. Maintenant (sauf dix), les numéros jaunes sont supprimés, toutes les voitures portent des numéros rouges; mais le tarif diffère selon que la voiture est prise sur la voie publique ou sous remise. Le double tarif qu'on trouve sur le bulletin est fâcheux, car il cause des erreurs.

— Comment peut-il causer des erreurs ?

— Puisqu'il n'y a plus de remises, pourquoi conserver sur le bulletin que le cocher donne au voyageur le prix plus élevé qui s'y rapporte ? Le voyageur s'y trompe quelquefois. Il faudrait supprimer tout ce qui est inutile, afin de rendre plus lisibles, plus distincts, les renseignements utiles imprimés sur le bulletin (le bulletin porte le numéro du cocher).

— Combien y a-t-il de voitures de place ?

— La ville compte dans son budget qu'il y a en moyenne environ 7,000 voitures sur les différents stationnements; les dimanches et jours de fêtes il y en a plus, d'autres jours il y en a moins; le produit pour la caisse municipale est de 7,000×365 ou 2,555,000 fr. Autrefois les voitures de place étaient constituées en monopole, de 1855 à 1866, je crois; mais il en est résulté des inconvénients, et le monopole a été supprimé, non sans qu'on ait dû payer une indemnité à la compagnie. Cette indemnité est de 360,000 fr. par an, pour 47 ans, à partir de 1866. La compagnie qui jouissait de ce monopole continue ses affaires, elle fait circuler dans les rues plusieurs milliers de voitures (la moyenne journalière est de près de 3,500), mais il y a encore 1,600 autres loueurs, dont un certain nombre ont plusieurs voitures.

— Mais les omnibus sont toujours constitués en monopole, n'est-ce pas? demanda Gaston.

— Leur concession n'expire qu'en 1910, répondit M. Duval. Tous les monopoles ont des inconvénients; mais celui-là est soumis à tant de clauses restrictives et de charges, que la ville semble avoir fait une excellente affaire. Au fond, s'il y a un monopoleur, c'est la ville; la compagnie s'est seulement chargée d'exploiter ce monopole un peu à son propre profit, mais surtout à celui de la caisse communale et des habitants.

— Et comment cela?

— D'abord la compagnie paye annuellement une redevance d'un million de francs à titre d'abonnement pour le stationnement de 500 voitures, ce qui fait 2,000 fr. par voiture. Les voitures supplémentaires, il y en a plus de 100 en ce moment, ne payent qu'à raison de 1,500 fr. par voiture ; cela fait déjà, avec le million, près de 1,200,000 fr. Puis, si les bénéfices de la compagnie dépassent 8 0/0, la ville partage avec elle ; on compte que cette moitié des bénéfices atteint 300,000 fr. Enfin, comme la société doit entretenir ses chevaux dans l'enceinte de Paris, elle acquitte de forts droits d'octroi pour les fourrages. Tout cela produit des sommes considérables à la caisse municipale.

— Je le veux bien, dit Gaston, mais les habitants n'en profitent pas directement. J'aurais préféré demander moins d'argent pour la caisse, et même n'en pas demander du tout et réduire le prix du voyage.

— Et qu'est-ce que tu aurais réduit, demanda Henri, les 30 centimes de l'intérieur ou les 15 centimes de l'impériale ?

— Je ne sais pas, je n'y ai pas réfléchi ; je veux seulement dire qu'au fond ce sont les voyageurs qui fournissent l'argent perçu par la caisse.

— Sans doute, c'est toujours le voyageur qui paye ; on peut définir le voyageur : un homme qui paye. Mais l'influence de l'autorité municipale ne se borne pas à procurer des fonds à la caisse, elle réglemente aussi le service dans l'intérêt de l'habitant. C'est elle qui fixe le parcours des voitures. Ce point est beaucoup plus important que l'on ne pense. En effet, il y a des rues où les voyageurs sont très nombreux, et d'autres où ils le sont moins ; une entreprise indépendante se bornerait à desservir les rues avantageuses — où elle fait des bénéfices — et délaisserait celles où elle n'en fait pas ; il s'établirait peut-être une seconde entreprise pour ces rues délaissées, mais les prix seraient plus élevés. L'autorité municipale, en intervenant, dit : Puisque vous avez un monopole, il faut le justifier par les services rendus. Il est dans l'intérêt de la ville de mettre en communication tels quartiers avec tels quartiers, le bénéfice des bonnes lignes compensera la perte des mauvaises.

— L'autorité fixe aussi le prix, je crois ? dit Henri.

— Nullement. Le prix est fixé dans le traité conclu entre la ville et la compagnie, 30 centimes à l'intérieur et 15 centimes sur l'impériale ; la ville ne peut pas réduire le prix, ni la compagnie l'élever, il faut que les deux parties soient d'accord pour modifier ce qui est porté au traité.

— C'est la préfecture de police qui veille à la solidité des voitures, et il ne peut pas y entrer plus de personnes qu'il n'y a de places marquées à un endroit très visible.

— Il faut que chaque voiture soit reçue avant de pouvoir être mise en circulation, et toutes innovations faites postérieurement doivent être approuvées. Je tiens là un rapport adressé au conseil municipal par un de ses membres, dans lequel il est rendu compte d'une expérience. Les grands omnibus à 40 places et 3 chevaux de front, que nous rencontrons maintenant si souvent, ont été mis à l'essai le 3 décembre 1878, avec l'autorisation du préfet, sur les boulevards intérieurs. Le 17 décembre, l'opinion de la compagnie étant faite, elle demanda au préfet l'autorisation d'introduire définitivement des voitures pareilles à 40 places (16 à l'intérieur, 4 sur la plate-forme, 20 sur l'impériale). C'est sur cette autorisation que le conseil municipal est consulté. Le rapport est trop long pour que je vous le lise en entier; mais, si l'on a vu avec plaisir qu'un plus grand nombre de places étaient mises par les grandes voitures à la disposition du public, on a étudié soigneusement les inconvénients, comme encombrement de la rue, dangers qu'elles pouvaient produire, etc. On a en même temps résolu une autre question : on a introduit une petite modification à l'escalier, afin que les femmes puiss ent sans danger monter à l'impériale et profiter des places de 15 centimes.

— Les femmes étaient déjà admises à monter à l'impériale des tramways.

— Les tramways se multiplient de plus en plus, car les rails diminuent le frottement et permettent de faire, avec deux chevaux, un travail qui en exige trois sur les routes ordinaires. Ils présentent, cependant, un inconvénient, celui d'exiger la pose de rails sur le sol des routes. Les rails gênent les voitures qui traversent obliquement d'un trottoir à l'autre, et ils ont encore d'autres inconvénients, en dehors de l'argent qu'ils coûtent. Mais on ne s'arrête pas à ces difficultés.

— C'est le conseil municipal qui trace également l'itinéraire des tramways ?

— Il faut s'entendre : à l'intérieur de la ville, c'est le conseil municipal ; hors de la ville, c'est le conseil général. Le conseil compétent conclut aussi le traité avec la compagnie, s'entend avec elle sur les prix et les autres conditions.

— Mais ne peut-il pas s'élever un conflit entre les deux conseils ?

— Cela paraît difficile, puisque les deux conseils sont composés des mêmes hommes... Mais les deux compagnies peuvent ne pas être d'accord. Voici du reste comment les choses se passent. Les tramways étant encore une chose nouvelle, la législation est de date récente, la loi est du 11 juin 1880. Le gouvernement seul peut donner l'autorisation de poser des rails, même dans l'intérieur d'une commune. Lorsque la ville veut établir un tramway dans l'intérieur de Paris, elle demande une concession au gouvernement, en indiquant l'itinéraire. L'État peut refuser, mais, s'il accorde, il permet en même temps à la ville de rétrocéder le tramway à une entreprise particulière. Si le tramway était entièrement ou partiellement hors de la ville, c'est le conseil général qui demanderait la concession et qui la rétrocéderait. Seulement, comme il faut à toute ligne de banlieue « une tête de ligne », ou, comme on dit maintenant aussi, un *terminus* situé dans l'intérieur de la ville, il faut faire la part de la Compagnie des omnibus.

— C'est facile, chacune va de l'un des points extrêmes jusqu'à la barrière; c'est la barrière qui est la limite de Paris. Le prix est divisé entre les deux compagnies.

— Les choses se font souvent ainsi, mais elles pourraient aussi se faire autrement ; par exemple, la Compagnie de la banlieue payerait à la compagnie des omnibus une indemnité proportionnelle, tant par kilomètre, pour la partie desservie dans l'intérieur de Paris.

— Est-ce que les tramways de la banlieue payent à la ville un droit de stationnement dans Paris ?

— Sans doute, mais moindre que le droit imposé aux omnibus, lorsqu'ils n'ont qu'un *terminus* dans Paris. C'est ainsi que les tramways Sud payent 1,500 francs et les tramways Nord seulement 750 francs.

— Il est une voie de Paris, mon oncle, dont il n'a pas encore été question, mais qui cependant me semble avoir son importance, dit Gaston, je veux parler de la Seine.

— La voie fluviale est en effet très importante, répond M. Duval, et cela malgré les chemins de fer et autres moyens de locomotion. Seulement les fleuves appartiennent à l'État et non aux communes.

— Mais il y a des bateaux-omnibus à service régulier ?

— Depuis 1867. Autrefois on ne voyait sur le fleuve que les bateaux qui mettaient Paris en communication avec la haute ou la basse Seine ; les navires étaient traînés par des chevaux, puis remorqués ou traînés par des vapeurs ; actuellement ils sont généralement toués, c'est-à-dire qu'une chaîne est placée dans la Seine ; cette chaîne s'enroule autour du tambour (cylindre) d'un bateau à vapeur, et en tournant force le navire à avancer avec tous les bateaux qu'il remorque (traîne).

— Je sais bien ce qu'est de touer, dit Henri ; la chaîne ou la corde est attachée à l'endroit où l'on veut arriver, celui qui est dans le canot tire la corde, ce qui fait marcher le batelet.

— Les bateaux-omnibus rendent de grands services, il est étonnant qu'on n'y ait pas songé avant 1867.

— Tout le monde peut-il mettre des bateaux en Seine ?

— Pas tout à fait. Il faut l'autorisation des deux préfets, le préfet de la Seine pour le stationnement, le préfet de police pour tout ce qui est relatif à la sécurité des voyageurs. Des règlements sur le service sont affichés dans chaque bateau, et de grandes précautions sont prises pour éviter les accidents.

— Le prix des places n'est pas élevé, dit Henri, il est actuellement de 10 centimes, mais ce prix a bien souvent changé.

— Un tarif maximum a été fixé ; il est de 25 centimes par personne, mais la compagnie est libre de le réduire. C'est ce qu'elle a fait. Comme certains trajets peuvent être faits sur l'impériale d'un omnibus à 15 centimes, elle fixe le prix d'un voyage à 10 centimes, ce qui est très sage et lui vaut beaucoup de clients.

— Est-ce que la compagnie a un monopole ?

— Nullement. Il y a même deux compagnies, mais qui semblent s'être divisé la besogne, l'une desservant l'intérieur de Paris, l'autre la banlieue. »

CHAPITRE IX

L'ÉCLAIRAGE.

« Je n'aurais pas cru, dit Gaston, qu'on ait pensé si tard à éclairer Paris; ou les autres villes. Mais c'est d'hier ! C'est seulement le 31 décembre 1829 qu'on a éclairé au gaz la rue de la Paix. On avait fait quelques essais dès 1817, puis en 1824, et il fallut douze ans pour faire admettre cette grande invention.

— Ce n'est pas, fit remarquer Henri, qu'on aimât les reverbères; s'en est-on moqué !

— Plus que de raison. Du reste, les reverbères ne sont pas déjà si anciens.

— Ils datent de 1766, et c'était un progrès.

— Il y avait auparavant des lanternes moins parfaites, mais on éclairait.

— Le premier édit prescrivant sérieusement l'éclairage

est de 1667 [1] ; on se servait alors de chandelles. Passe pour les chandelles, mais n'est-ce pas étonnant qu'on ait attendu jusqu'en 1667 pour éclairer la ville ! A quoi pensaient donc les gens alors ?

— Sait-on qui a inventé le gaz d'éclairage ?

— Philippe Le Bon, ingénieur des ponts et chaussées, né en 1767, mort en 1804.

— C'est sans doute parce qu'il est mort jeune et aussi à cause des guerres de l'époque que la vulgarisation du gaz a été si lente ; mais enfin il arriva un moment où le gaz d'éclairage a été définitivement adopté par la ville....

— Oui, en 1855....

— Et qu'on fit un traité.

— Le premier traité est du 23 juillet 1855 ; mais le traité actuellement en vigueur est du 15 janvier 1870.

— La compagnie a sans doute un monopole ?

— Jusqu'à la fin de 1905. Mais elle ne l'a pas pour rien, elle le paye. Cependant il ne faut pas compter comme payement les 2 centimes par mètre cube de gaz qu'elle verse à la caisse municipale, car ces deux centimes sont un droit d'octroi sur le charbon de terre, que toutes les compagnies, s'il y en avait plusieurs, auraient à acquitter ; il ne faut pas compter non plus les 200,000 fr. qui constituent un droit de location des parties du sous-sol de la voie publique occupées par les tuyaux de conduite de la compagnie. Mais

1. On cite pour l'époque antérieure une ordonnance de police du 30 septembre 1594, qui ne semble pas avoir eu d'effet.

on peut compter le partage des bénéfices. Les sommes en recettes qui dépassent les frais, y compris l'amortissement et la réserve, plus 12,400,000 fr. (de 1887 à 1905 seulement 11,200,000 fr.) pour dividendes et intérêts des actions, sont partagées par moitié entre la compagnie et la ville. Depuis quelques années la redevance payée à la ville s'élève à 9,500,000 fr. Voilà un chiffre bien net et bien clair ; mais ce n'est pas tout, quelques avantages accessoires ont encore été stipulés pour la ville.

— Elle a un tarif spécial pour son éclairage, n'est-ce pas ?

— Pour son éclairage, comment cela ? demanda Henri.

— Il faut évidemment distinguer entre l'éclairage public et l'éclairage particulier.

— Je le vois, l'éclairage public est celui des rues, passages, promenades, squares, ainsi que des monuments, palais, établissements, préfectures, postes, halles, théâtres. C'est cet éclairage que la ville obtient à moitié prix.

— Quel est ce prix ?

— Il est de 15 centimes le mètre cube pour l'administration et de 30 centimes pour les particuliers

— Et comment sait-on combien il en a été brûlé ?

— Au moyen d'un compteur. Nous tâcherons d'en voir un pour en avoir une idée, cela vaut mieux que toutes les explications. Cependant il n'y a pas partout des compteurs, il n'y en a pas, par exemple, dans les rues. Or, comment faire ?

— Je parie, dit Gaston, qu'on mesure l'ouverture des becs.

— Parie, mon neveu, tu gagneras, dit M. Duval. Voici

7

ce qu'il en est : il y a des becs qui, selon les expériences faites, consomment 100 litres de gaz à l'heure, le prix est donc fixé à l'heure 0 fr. 015 (1 centime $\frac{1}{2}$); il y a des becs consommant 140 litres, prix 0 fr. 021, et des becs de 200 litres, prix 3 centimes. Les dimensions en hauteur et en largeur des flammes sont déterminées par le préfet de la Seine, conformément aux expériences faites par les ingénieurs de la ville de Paris et ceux de la compagnie.

— On fait aussi des expériences pour constater la clarté des lumières, n'est-ce pas ?

— Sans doute ; si on laissait faire, le service se négligerait et les choses iraient mal. On tend plutôt à faire des progrès en améliorant le gaz.

— Combien l'éclairage public compte-t-il de becs ?

— En 1880, 38,400, dont 4,000 sont éteints à minuit, les autres brûlent jusqu'au jour. Il faut environ 30 millions de mètres cubes de gaz pour alimenter les becs de la voie publique et des établissements municipaux et militaires.

— En hiver on doit consommer plus de gaz qu'en été.

— C'est tout simple. Le 23 décembre, l'allumage commence à 4 heures 45 minutes ; le 23 juin, il ne commence qu'à 9 heures 5 ; d'un autre côté, on éteint le gaz, en décembre, à 7 heures 15 du matin, et en juin, à 2 heures 30. La durée de l'éclairage suit la durée de la nuit. Le nombre total des heures dans une année bissextile est de 8,784 ; sur ce nombre 3,749 $\frac{3}{4}$ heures sont éclairées ; cela fait en moyenne 10 heures 15 minutes par jour.

— Et combien dépense la ville pour ce service ?

— Elle a d'abord un personnel d'environ 80 personnes chargées de la surveillance, des essais, etc., mettons, somme ronde............................... 220,000 fr.

« Éclairage de la voie publique (en défalquant 610,000 fr. pour les remboursements, reste)................................... 4,430,000

« Éclairage des établissements municipaux. 990,000

« Améliorations projetées.............. 200,000

« Ensemble... 5,840,000 fr.

« Bientôt, je pense, ce sera 6 millions. Je dois dire que ces chiffres comprennent encore quelques centaines de réverbères alimentés à l'huile.

— Et pourquoi n'a-t-on pas du gaz partout ? demanda Gaston.

— C'est facile à deviner, répondit Henri, c'est qu'on n'a pas mis des conduits partout.

— C'est évident, dit M. Duval. La compagnie prépare le gaz dans ses usines des Ternes, de Passy, de Vaugirard, d'Ivry, de Saint-Mandé, sans parler des autres; de ces usines le gaz est conduit, au moyen de tuyaux souterrains, dans toutes les rues et peu à peu à tous les endroits où l'on en a besoin. Les premiers tuyaux ont un fort diamètre, comme des troncs, les branches sont moins grosses, et sur les branches sont groupés de nombreux rameaux plus ou moins minces. La longueur totale des conduits est déjà, dans

Paris, de 1,300,000 mètres, sans compter que la compagnie en possède encore 540,000 hors des fortifications. Or, ces chiffres augmentent tous les ans. (On comprend l'ensemble des conduites sous le nom de canalisation.)

— L'éclairage des particuliers est compris dans ces chiffres?

— Tout y est compris. Environ 140,000 particuliers sont abonnés au gaz, généralement pour le service du rez-de-chaussée, des magasins, cours, etc., mais dans près de 11,000 maisons il y a aussi des conduits montants pour desservir les étages supérieurs. La consommation des particuliers dépasse déjà 155 millions de mètres cubes, et continue à s'accroître. Ces 155 millions de mètres cubes valent plus de 46 millions de francs.

— On emploie aussi le gaz comme chauffage?

— Il paraît qu'environ 50,000 feux sont entretenus au gaz. Il y a aussi un certain nombre de petites machines qui marchent au gaz.

— Est-ce que le gaz sera un jour remplacé par l'électricité? demanda Gaston.

— Je l'ignore. Jusqu'à présent l'électricité qu'on utilise dans certains établissements n'a pas encore pu supplanter le gaz dans la rue; mais réussira-t-on plus tard? l'avenir nous le dira. En tout cas, nous pouvons nous en fier à l'administration. Elle a expressément stipulé, dans l'article 48 du traité, que la compagnie doit adopter toutes les améliorations que les progrès de la science feront surgir en France ou à l'étranger. Tous les cinq ans, le ministre de l'intérieur nomme une commission chargée d'examiner les procédés connus et d'indiquer le perfectionnement à introduire.

« Enfin, et ce passage mérite d'être reproduit textuellement : « En cas de découverte d'un mode d'éclairage autre « que l'éclairage par le gaz, l'administration se réserve le « droit de concéder toute autorisation nécessaire pour l'é- « tablissement du nouveau système d'éclairage, sans être « tenue à aucune indemnité envers la société actuelle. »

« L'électricité est naturellement comprise dans cette réserve, qui me réconcilie un peu avec le monopole.

« Il ne faut pas oublier non plus qu'à la fin de la concession, en 1905, la ville deviendra propriétaire de tout le matériel des conduites qui est sous terre. »

CHAPITRE X

L'EAU

On venait de poser une conduite d'eau dans la maison habitée par la famille Duval. Autrefois, il fallait monter l'eau à bras d'homme, dans des seaux ; maintenant l'eau montait toute seule, et tant qu'on en voulait, et elle venait juste à l'endroit où l'on en avait besoin ; à la cuisine, sur l'évier; tournez le robinet, voici l'eau ; dans le cabinet de toilette, tournez le robinet, voici l'eau ; dans les lieux d'aisance, tournez le robinet, voici l'eau. Dans sa joie, car c'était si commode et si utile, Mme Duval essayait dix fois de suite, tantôt un robinet, tantôt un autre, pour voir si cela marchait bien, et toujours l'eau répondait à l'appel, et se retirait discrètement quand on n'en voulait plus. On était dans l'enchantement, quoique la chose ne fût pas nouvelle, qu'on l'eût déjà vue chez des voisins ou des amis ; mais, cette fois, on l'avait chez soi, on possédait la baguette qui fait jaillir l'eau du rocher.

En causant ensuite des efforts qu'il a fallu faire pour que le service des eaux arrivât à ce degré de développement à Paris, on se rappela que, il y a des siècles, notre belle et grande cité que baigne pourtant un véritable fleuve, qui ne manque ni de sources ni de ruisseaux, a vu une partie de ses habitants émigrer faute d'eau. On lit en effet dans l'édit du 3 octobre 1392 sur les fontaines : « Plusieurs personnes qui voulaient habiter iceulx lieux, pour la nécessité qu'ils avoient, ont lessié notre dite ville et sont allés habiter ailleurs. » On améliora les choses bien lentement. Sous Henri IV, on établit une machine pour élever l'eau de Seine ; Louis XIII fit reconstruire l'aqueduc d'Arcueil ; en 1673, on construisit une pompe au pont Notre-Dame, qui n'a été démolie qu'en 1858 ; en 1777, furent établies les pompes de Chaillot ; en l'an X, on a commencé le canal de l'Ourcq ; de 1833 à 1841, on a foré le puits artésien de Grenelle, et de 1855 à 1861, le puits de Passy. Mais cela n'est rien, c'est pour ainsi dire le moyen âge de l'histoire de l'eau potable à Paris. « Les temps modernes, dit M. Duval, ne commencent qu'en 1854, et la situation actuelle est le résultat de l'annexion de la banlieue, en 1860.

— Raconte-nous cela, père, dit Henri.

— Ce serait bien long si je voulais entrer dans tous les détails ; je veux seulement faire ressortir quelques points essentiels, qui sont plus faciles à retenir que les détails. En 1854, on comptait que la ville pouvait disposer, au maximum, de 141,814 mètres cubes d'eau par 24 heures, quoique, en réalité, elle n'en ait jamais distribué 75,000 par jour [1].

— Est-ce beaucoup ou peu, cela ? demanda Gaston.

— C'est une bonne question que tu fais là, mon neveu. Voici ma réponse : pour savoir si c'est beaucoup ou peu, il faut connaître les besoins. Nous aurons quelques données sur ce point ; en attendant, il est facile de voir que, pour arroser les rues de Paris, alimenter ses fontaines, pourvoir à la consommation de peut-être 1,200,000 habitants et de nombreux chevaux, etc., fournir de l'eau aux industries considérables de Paris, il en fallait beaucoup.

---

1. La quantité d'eau réellement distribuée à Paris en 1854 a été, en moyenne, de 66,715 mètres cubes par jour, dont 49,567 mètres cubes d'eau de l'Ourcq, 14,271 de Seine, 1,147 de sources du Midi, 810 de sources du Nord et 920 des deux puits artésiens.

La longueur des conduites était alors de 364,679 mètres courants.

« Je reprends mon récit pour dire que la quantité nominale de 141,000 mètres cubes d'eau n'est pas le point qui me préoccupe le plus en ce moment, c'est l'origine ou mieux la qualité de cette eau. Près de 100,000 mètres cubes provenaient de l'eau de l'Ourcq, environ 39,000 provenaient de la Seine, le reste de diverses sources. Or, l'eau de l'Ourcq laisse toujours à désirer sous le rapport de la pureté, l'eau de la Seine quelquefois; l'eau des sources d'Arcueil et du nord sont fraîches et limpides, mais contiennent trop de sels de chaux (plâtre). Voilà donc un premier et très grave inconvénient; il y en avait un second, l'eau ne pouvait pas être amenée dans les étages supérieurs.

— Et pourquoi pas ?

— C'est que l'eau, abandonnée à elle-même, descend la pente, mais ne la remonte pas. Il faut la monter artificiellement à l'aide de machines, et même de machines à vapeur pour que cela vaille la peine (quelquefois on peut faire mouvoir la pompe par le courant de la rivière), mais il faut la monter où ? Naturellement dans un réservoir, d'où l'eau coule et se distribue dans les conduites qu'on lui a préparées. Seulement avons-nous, ou plutôt avions-nous des bassins placés à des endroits assez élevés ? Le bassin de la Villette n'est qu'à 17 mètres au-dessus des rues qu'il dessert, il n'y a pas assez de pression pour que l'eau s'élève beaucoup dans des maisons.

— Chez nous, dit Gaston, on n'a pas besoin de monter

l'eau ; on trouve des sources dans les montagnes à une hauteur bien supérieure à celle qu'il faudrait.

— Ailleurs aussi on en trouve, et c'est précisément à en chercher qu'on songea en 1854. Et il y avait pour cela une double raison. On voulait obtenir la pression [1] nécessaire pour pouvoir distribuer l'eau dans les étages supérieurs, mais on voulait surtout fournir une eau pure à la consommation. Le préfet d'alors obtint qu'on séparât l'eau destinée à l'alimentation de l'eau employée pour l'arrosage, pour l'industrie et pour les autres services. On organisa donc à partir de ce moment une double canalisation, c'est-à-dire un double réseau de tuyaux souterrains, l'un pour les eaux du service privé, l'autre pour les eaux du service public. Il paraît que cette double canalisation n'existe nulle part ailleurs au monde.

« Cette idée d'une double série de conduites suppose qu'on a deux sortes d'eau, une eau moins bonne, moins salubre, pour l'arrosage, etc., et une eau excellente pour boire et faire la cuisine ; mais où trouver cette dernière ?

« C'est une éminent ingénieur, M. Belgrand, qui en fut chargé. Il s'agissait de trouver des sources abondantes à une certaine distance de Paris, parce que dans les environs de la capitale règne un terrain gypseux, l'eau

1. L'eau supérieure pèse sur l'eau inférieure de toute la différence des deux niveaux. Si la différence est de dix mètres, c'est donc une colonne de dix mètres d'eau qui pèse sur le point inférieur et cause la pression. On ne peut pas entrer ici dans des explications scientifiques.

s'imprègne de molécules calcaires et devient nuisible à la santé ; ces sources, de vraies petites rivières, M. Belgrand les a trouvées.

— Oh ! nous connaissons bien l'eau de la Dhuis et l'eau de la Vanne ! s'écria Henri.

— C'est l'histoire de l'œuf de Colomb ; quand on vous a montré le moyen, tout le monde dit que c'est facile. Mais je reviens à mon histoire. En 1855, le conseil municipal avait voté que la distribution d'eau par habitant (tout compris) serait portée à 200 litres, mais il faut du temps pour que les bonnes choses se fassent ; car, en 1860, lors de l'annexion de la banlieue, on ne distribuait effectivement que 85 litres, et il en manquait encore 115 par habitant, soit pour les 1,200,000 habitants de l'ancien Paris, 138,000 mètres cubes. Les habitants de la banlieue ne recevaient même encore que 30 litres en moyenne ; il leur manquait 170 litres, soit pour 500,000 habitants, 85,000 mètres cubes.

— Mais nous perdons de vue les eaux de la Dhuis.

— Pas du tout. Vous comprenez bien que, lorsque M. Belgrand montra du doigt, sur la carte, au préfet, qui écoutait avec attention, un petit trait indiquant un ruisseau ou une rivière située à 172 kilomètres de Paris, l'eau n'était pas encore dans nos fontaines. Il faut beaucoup de travail et vaincre nombre de difficultés pour atteindre ce but. La preuve en est, que la rivière dont M. Belgrand a parlé en 1854 n'est pas encore arrivée à Paris en 1880, car il s'agissait alors de la Somme-

Soude qui tombe dans la Marne non loin de Châlons, et l'on croit même qu'on sera obligé d'y renoncer. La Dhuis est une source qui jaillit sur le territoire de la commune de Pargny, canton de Condé (Aisne). C'est cette source, qui produit 22,000 mètres cubes par jour, qu'on a amenée à Paris (dès 1865); plus tard on y joindra peut-être quelque autre source pour compléter nos provisions. Les deux sources de la Dhuis ont une altitude de 128 et 130 mètres, et le réservoir de Ménilmontant est à 108 mètres.

— Et la Vanne ?

— J'y arrive. Je ne parle pas de cette rivière, mais de quelques-unes des sources qui l'alimentent et qui jaillissent dans le département de l'Aube à Fontvannes, près d'Estissac, à 44 kilomètres de Troyes ; l'aqueduc qui les amène à Paris a une longueur de 175 kilomètres, et l'eau y est arrivée en 1874 ; elle est reçue dans le réservoir de Montrouge.

— Est-ce qu'il est permis de prendre les sources et de les amener à Paris ?

— Par exemple ! Prendre ? Est-ce que nous sommes dans un pays sauvage ? On ne prend rien, on achète. Mais il n'est pas possible d'entrer dans tous les détails ; nous causerions pendant des heures, et Gaston serait obligé de rédiger un gros livre. La Dhuis et la Vanne, les usines qu'on a élevées sur les bords de la Seine et de la Marne pour compléter nos provisions, tout cela a coûté gros ; on évalue la dépense faite à 106 millions, et nous ne sommes même pas au bout de nos sacrifices, puisqu'on parle de 36 millions qui seraient nécessaires pour compléter l'organisation. Il est vrai qu'on nous en donne pour notre argent.

— Il vaut mieux, en effet, dit Gaston, aborder tout de suite la situation actuelle.

— C'est ce que nous allons faire. Revenons donc un moment en arrière jusqu'en 1860, année de l'annexion de la banlieue. Il existait autrefois dans les communes *extra-muros* trois compagnies des eaux ; en prévision de l'annexion, les droits de ces compagnies furent rachetés par une « Compagnie générale », avec laquelle il était nécessaire de s'entendre. Voici ce qui parut le plus avantageux pour les deux parties : on réunira les deux services en un seul, on réservera pour la ville tout ce qui se rattache au service public, et l'on chargera la compagnie du placement de l'eau affectée au service privé. Je passe les détails.

— Mais non, les détails sont intéressants, dit Gaston.

— Entendons-nous, il y a des détails de forme, de développement, et d'accessoire, nous pouvons les omettre, mais nous relèverons les principes, les détails caractéristiques. Ainsi, la ville reste la maîtresse absolue de ses eaux ; elle est seule juge du choix de celles qu'elle considère comme les meilleures pour les usages publics et privés ; elle construit et entretient les machines, conduites, canaux, aqueducs, réservoirs, etc., nécessaires. Elle met à la disposition de la compagnie l'eau qu'elle juge suffisante pour les besoins du service privé, sans que la compagnie ait le droit d'en critiquer, soit la quantité, soit la qualité.

— La compagnie est donc chargée uniquement de la vente de l'eau ?

— Oui, elle perçoit les abonnements et en verse chaque semaine le montant dans la caisse municipale.

— Et quelle est la part de la compagnie ? il n'en a pas encore été question.

— La part de la compagnie est facile à établir. Elle reçoit d'abord, jusqu'en 1911, terme de sa concession, la somme annuelle de 1,160,000 fr. pour avoir cédé ses droits et propriétés à la ville, en 1860. Pour la vente de l'eau, sa situation est celle de la régie intéressée, elle a une part dans les bénéfices. Or, en 1860 la ville tirait déjà de l'eau un produit brut de 3,608,000 fr., la compagnie ne peut donc entrer en partage que sur les sommes qui dépassent ce minimum ; voici dans quelle proportion : la compagnie reçoit le quart, ou 25 0/0 jusqu'à 6 millions (le quart de 2,400,000, qui, avec les 3,600,000, font 6 millions) ; 20 0/0 sur les 7°, 8° et 9° millions ; 15 0/0 sur les 10° et 11° millions ; 10 0/0 sur le 12° million ; 5 0/0 sur les recettes supérieures à 12 millions.

« La compagnie a des recettes ou bénéfices accessoires dont je n'ai pas à m'occuper, car je ne parle pas de la situation de la compagnie, qui ne me regarde pas, mais du service des eaux dans Paris.

— Faut-il penser que tout ce qui regarde les abonnements est dans les attributions de la compagnie?

— Ce serait aller beaucoup trop loin. Au fond, tout ce qui concerne l'eau est une attribution des représentants de la ville; mais, comme il y a un traité avec la compagnie et que des changements peuvent lui être préjudiciables, elle a sa part d'influence. En effet, les tarifs d'abonnement ont plusieurs fois été modifiés d'un commun accord, et ils seront sans doute encore modifiés ; pour le moment, il suffit que nous jetions les yeux sur le tarif qu'on trouve dans le règlement du 30 avril 1880.

— *Tarif* veut dire ici qu'on peut acheter plus ou moins d'eau ; qu'il y a plusieurs sortes d'abonnements.

— C'est bien cela.

— Alors comment mesure-t-on l'eau ?

— C'est ce que j'allais expliquer. L'eau est délivrée aux abonnés de trois façons différentes :

« 1° Par un robinet de jauge. Il est clair que plus l'ouverture par laquelle l'eau arrive est petite, moins il arrive d'eau par heure ou par jour. L'ouverture est quelquefois si petite que personne n'aurait la patience d'attendre qu'un fût soit rempli. Aussi les robinets de jauge ont pour conséquence l'établissement d'un réservoir, qui reçoit peut-être l'eau goutte à goutte, mais qui la laisse écouler au besoin par torrents.

« 2° Par estimation et sans jaugeage. Cela s'appelle abonnement à robinet libre.

« 3° Par compteur ; c'est une sorte de réservoir qui marque la quantité d'eau qui l'a traversé.

— Est-ce que chacun a le choix entre les différents systèmes ?

— Pas tout à fait. Ainsi, pour une industrie, on n'admet que le compteur ; les abonnements à robinet libre, en eau de source (il n'y en aura bientôt pas d'autres pour les particuliers), ne sont accordés que pour l'alimentation des appartements habités bourgeoisement. Ces eaux ne sont applicables qu'aux usages domestiques.

« Voici comment est réglé le tarif de ces abonnements : Un seul robinet établi au-dessus de la pierre d'évier dans un appartement habité par 1, 2 ou 3 personnes, coûte 16 fr. 20 par an ; pour chaque personne en plus, 4 fr. — Pour chaque robinet supplémentaire que l'abonné voudra placer dans l'appartement il payera, dans le cabinet d'aisance, 4 fr. ; dans la salle de bain, 12 fr. ; dans la salle de douche, 9 fr. ; dans les autres parties de l'appartement, 6 fr.

« Dans les maisons à petits logements, il pourra y avoir des robinets de palier à chaque étage, et par conséquent pour plusieurs familles à la fois, chaque robinet de palier ne coûtant que 16 fr. 20 par an.

« Le tarif de l'eau par les abonnements jaugés ou au compteur est, pour l'eau de source, au minimum 125 litres par jour, 20 fr. par an ; 250 litres, 40 fr. ; 500 litres, 60 fr. ; 1,000 litres, 120 fr., etc., etc. L'eau de l'Ourcq n'est fournie qu'à partir de 1,000 litres par jour, pour des besoins industriels, et ne coûte que 60 fr. les 1,000 litres par jour.

» Ces prix ont été réduits, et l'on ne saurait nier que l'administration fait de grands efforts pour atteindre ce qui, dans la distribution de l'eau, est considéré comme l'idéal.

— Je vois bien, dit Gaston, que l'idéal n'est pas encore atteint.

— Hélas, non. Ce n'est pas la bonne volonté qui manque ; la preuve en est qu'on fait des statistiques très soignées constatant ce qui nous manque encore, naturellement pour nous stimuler. Tenez, je vais vous faire connaître, d'après les rapports au conseil municipal, la situation de l'année 1880.

« L'approvisionnement d'eau actuellement réalisé est, en temps normal, de 370,000 mètres cubes par 24 heures. En sécheresse, il descend à 298,000 mètres cubes, et des accidents possibles aux aqueducs peuvent le réduire à 200,000, au moins momentanément. Ce n'est pas tout. Sur ces chiffres d'eau, il y a, en temps normal, 120,000 mèt. cubes d'eau de source ; on n'a pas encore pu organiser les doubles conduites dans toutes les rues de Paris, de sorte qu'une partie de l'eau de source sert encore à arroser la voie publique, tandis que des milliers de Parisiens consomment encore de l'eau de l'Ourcq. C'est que, sur un nombre total de 3,329 rues, 2,539 ont de l'eau de la distribution privée et 790 n'en ont pas encore. Je crois bien que c'est aussi un peu, peut-être même beaucoup, la faute des habitants ; si plusieurs voisins se réunissaient pour faire une demande, je pense qu'ils obtiendraient de la bonne eau. Quoi qu'il en soit, l'un dans l'autre, c'est-à-dire *en moyenne,* chacun des 46,333 abonnés reçoit par jour 16 litres 80 d'eau de source, 10 litres 79 d'eau de Seine ou de Marne, 15 litres 52 d'eau de l'Ourcq, ensemble 43 lit. 09 par habitant ou 85,909 mètres cubes par 24 heures [1]. Il faut ajouter à ces chiffres la consommation par la voie publique, 55 litres 10 par habitant ; le débit des fontaines monumentales, 37 litres 54 ; l'arrosage des bois et squares, 18 lit. 66 (43 lit. 09 + 55 lit. 10 + 37 lit. 54 + 18 lit. 66 font ensemble 154 litres 39, c'est encore loin des 200 litres). La quantité d'eau débitée par les appareils du service public est en tout de 205,741 mètres cubes.

« Il faut toujours bien distinguer le service public du service privé.

— Sait-on le nombre des fontaines à Paris ?

— Sans compter les fontaines monumentales, il y a 5,697 bornes-fontaines et bouches d'eau, 53 poteaux d'arrosement, 180 bouches d'arrosage fonctionnant au moyen de tonneaux et 4,023 au moyen de lances, 349 bornes-fontaines à repoussoir, 57 fontaines Wallace, 172 bureaux de stationnement, sans compter le reste. Je n'insiste pas, car on continue à étendre les ressources de la ville, qui sont loin, nous l'avons vu, d'être suffisantes. »

---

1. Qu'on n'oublie pas les mots : l'un dans l'autre. En fait, chacun ne reçoit qu'une seule qualité d'eau, les uns de la bonne, les autres de la médiocre.

CHAPITRE XI

LA SALUBRITÉ PUBLIQUE.

« On m'a dit, fit remarquer Gaston le lendemain de cette conversation, que l'eau est un des principaux agents de salubrité.

— On a eu raison, répondit M. Duval.

— Je voudrais bien savoir comment.

— Je puis, sans être médecin, te le faire comprendre de manière à t'en convaincre. Premièrement, l'eau est nécessaires à la propreté : propreté du corps, propreté du linge, des meubles et de la maison. J'ai eu l'occasion de faire des observations curieuses : il faut, pour vivre, une certaine quantité de nourriture; mais les aliments les plus communs, les plus grossiers sont au moins aussi sains que les denrées alimentaires réputées les plus fines. Les personnes qui atteignent ou dépassent l'âge de 100 ans sont rarement riches; la nourriture trop riche n'est pas supportée par tous les estomacs, tandis qu'on a vu des centenaires qui n'ont mangé que du pain et des pommes de terre, mais ils aimaient la propreté. La propreté équivaut à une partie de la nourriture.

« Deuxièmement, l'eau pure est une excellente boisson,

tandis que l'eau corrompue ou chargée de sels minéraux est malsaine.

« Troisièmement, la poussière est nuisible aux organes respiratoires. Dans les villes elle entraîne, en outre, des détritus de toutes sortes qui peuvent causer des maladies. L'arrosage abat la poussière.

— J'ai lu, dit Gaston, que par un temps sec, des miasmes de maladies épidémiques sont transportés dans l'air, peut-être par le vent, et que la pluie les faisait tomber et disparaître.

— On le croit, et il me semble, avec raison ; seulement nous n'avons aucune influence sur la pluie. Mais on neutralise souvent les miasmes par la propreté ; de plus, on les empêche de naître, en se débarrassant le plus vite possible des matières qui peuvent entrer en putréfaction.

— Sans doute, par les égouts ?

— Par les égouts, en effet. J'ai parlé tout à l'heure de la propreté du corps, des vêtements, de la maison ; eh bien ! il faut que nos rues aussi soient propres. On y arrive par le balayage et l'enlèvement des boues et ordures, par la défense de jeter des détritus sur la voie publique, par l'arrosage, par l'écoulement des eaux pluviales et ménagères, et c'est pour assurer cet écoulement qu'on a fait des égouts. C'est un système très savant qui ressemble à un réseau ; au fait, vous n'avez qu'à prendre un plan de Paris et regarder les rues ; sous la plupart des rues il y a un égout, c'est-à-dire un canal couvert, et tous ces égouts sont conduits de manière à se décharger dans de grands collecteurs, dont le plus grand va se déverser dans la Seine, en face d'Asnières.

— On dit que ces collecteurs sont admirablement organisés.

— C'est-à-dire que le curage s'y fait bien. Dans les grands collecteurs, le curage se fait automatiquement, c'est-à-dire tout seul. Un bateau navigue sur l'eau de l'égout; à l'avant de ce bateau est attaché un panneau mobile, une sorte de tablier qui descend dans l'eau presque jusqu'au fond. Il est mobile pour qu'on puisse le relever ou le faire descendre à volonté. Lorsque la vanne (le panneau) est abaissée, l'eau s'amasse en arrière et sort avec une grande vitesse par deux ouvertures qui y sont ménagées. D'ailleurs la vanne ne touchant jamais le radier (le fond), elle agit aussi en cherchant à sortir dans l'intervalle laissé libre. L'eau affouille les amas de sable et autres matières qui forment un banc devant la vanne ; celle-ci, pressée par l'eau qu'elle retient et qui pousse en avant le bateau, déplace le banc et le fait reculer jusqu'au débouché du collecteur.

— Et dans les collecteurs ou les égouts plus petits ?

— Dans les collecteurs secondaires on a des wagonnets marchant sur des rails placés sur les angles des cunettes. La cunette est le creux dans lequel est l'eau, ou la boue ; une roue du wagonnet est à droite, l'autre à gauche de la cunette, ce wagonnet porte une vanne, et on le pousse de manière à amener le contenu dans le grand collecteur. Dans les égouts plus petits on emploie le rabot et les balais. Le rabot est une planche attachée de champ (debout) à un long manche ; le rabot forme vanne, et on pousse devant soi le contenu de l'égout (les petits égouts n'ont pas de cunette).

— Dans le siphon de l'Alma, dit Henri, on emploie une boule en bois.

— Le siphon ?

— Le siphon de l'Alma est destiné à conduire les eaux du collecteur de la rive gauche dans le collecteur de la rive droite, en voici la figure :

« L'entrée de la conduite du siphon sur la rive gauche est à un niveau supérieur à celui de la sortie sur la rive droite. La différence, 0 m. 50 c., vient s'ajouter à la chute totale du collecteur depuis l'endroit où il commence, c'est 2 m. 10 et 0 m. 50 = 2 m. 60 ; voilà donc une pression. Si elle ne suffit pas, on établit une chasse au moyen de vannes qui accumulent l'eau et qu'on ouvre pour laisser l'eau se précipiter par masses. Si les chasses ne suffisent pas pour nettoyer, on lance dans le siphon qui a un mètre de diamètre, une boule en bois de 85 centimètres de diamètre. Les 15 centimètres qui restent libres sous la boule laissent échapper l'eau avec violence, et celle-ci chasse l'obstacle.

— Quelle est la longueur actuelle des égouts ?

— En voici les chiffres, je n'ai qu'à les copier dans une publication du directeur des travaux :

« Grands types...................... 19.000 mètres
« Types moyens (cunettes étroites). ... 53.000 —
« Égouts sans cunettes............... 547.715 —

« Total........ 619.715 mètres.

« Il existe, en dehors de l'égout public, sous les rues de Paris, des branchements de bouches d'une longueur de 41,115 m. ; des regards de 23,638 m. ; en outre, des branchements particuliers, au nombre de 23,600, ont une longueur de 140,000 m. ; ce qui fait encore 204,153 mètres à ajouter au 619,715 que je viens de reproduire.

— En reste-t-il encore beaucoup à faire ?

— Environ 412,000 mètres. On évalue les sommes qui restent à dépenser à 44 millions et demi.

— Il faut du temps pour achever le réseau des égouts.

— On pense avoir trouvé le moyen d'en hâter l'achèvement.

— Et comment ?

— En donnant suite à une idée plusieurs fois émise et qui consiste à obliger les propriétaires à faire des branchements sur les égouts, pour y conduire le contenu des lieux d'aisance. La vidange est une des difficultés avec lesquelles l'administration a le plus à lutter. On a proposé plusieurs moyens de se débarrasser de ces matières impures; tous les systèmes ont des inconvénients, et celui qui, en ce moment, semble avoir le plus de partisans, c'est l'évacuation par les égouts. On a l'intention d'utiliser le contenu des égouts pour fertiliser des champs. Je ne puis que vous indiquer ces projets en quelques mots ; or, si le projet était adopté, un impôt de 30 francs par an serait imposé aux propriétaires pour chaque tuyau de chute, et cet argent servirait à pousser plus activement l'extension du réseau des canaux souterrains.

— Il me semble, mon oncle, que les égouts ne sont qu'un des moyens de salubrité, une spécialité, et qu'il doit y en avoir d'autres. N'existe-t-il pas aussi une organisation embrassant l'ensemble des soins à apporter à la santé publique ?

— L'ensemble se compose de spécialités, mon neveu, et celle des égouts est une des plus importantes, elle est plus importante qu'on ne le croit peut-être. Néanmoins, ton observation est juste. Il y a le comité d'hygiène publique et de salubrité qui siège à la préfecture de police, qui n'a, il est vrai, que des avis à donner, mais dont il est utile de relire les attributions.

— Il en a, je crois, déjà été question.

— Je le crois aussi. C'est plutôt un corps savant qu'une administration. Beaucoup de ses attributions touchent à des lois spéciales ou des décrets, qui règlent la matière. Par exemple les établissements insalubres et incommodes : un décret les divise en trois classes et prescrit les principes d'après lesquels chaque industrie doit être traitée administrativement, mais souvent il y a à résoudre des questions de faits; là le comité intervient, donne son avis que le préfet adopte et fait exécuter par ses agents.

« Il en est de même des cimetières. C'est la loi qui prescrit de les éloigner des maisons à cause des émanations. Tout en exécutant la loi, on peut n'avoir pas encore fait disparaître tous les inconvénients pour la santé publique. Le comité, consulté, indique les mesures à prendre, et le préfet les prescrit ; le comité peut prendre l'initiative des propositions.

— Il est chargé des secours aux noyés, dit Henri.

— Ce n'est pas tout à fait cela, dit M. Duval. Il y a des stations le long de la Seine et ailleurs pour venir en aide aux noyés et aux asphyxiés, et un médecin spécial est chargé de la surveillance du service ; le comité se borne à rédiger des instructions sur la manière de traiter les personnes qui sont victimes d'un accident.

— Et pour les épidémies ?

— C'est au comité à indiquer les mesures à prendre. Il doit même prévoir et faire connaître les moyens prophylactiques ou de préservation. Toutefois, c'est l'Académie de médecine qui est chargée de la vaccine.

« A côté du comité d'hygiène, il y a encore un comité chargé de la protection des enfants en bas âge, par exemple des enfants placés en nourrice loin de leurs parents. Une autre commission surveille le travail des enfants employés dans l'industrie. Des inspecteurs et des inspectrices vont dans les ateliers et les fabriques où il y a des enfants, et constatent si les enfants âgés de moins de 12 ans y sont occupés plus de 6 heures par jour, ou s'ils travaillent la nuit, ou s'ils sont exposés à des émanations malsaines. Ces mêmes inspecteurs et inspectrices doivent aussi appeler l'attention du chef de l'établissement, et au besoin de l'autorité, sur les moyens d'éviter aux ouvriers et aux ouvrières certains inconvénients qui peuvent se rattacher à des procédés de fabrication. Au besoin, on consulte le comité d'hygiène ou une personne compétente, car il faut éviter le mal évitable. Sans doute le soin le plus efficace est toujours celui que chacun se donne à soi-même, parce qu'on se connaît mieux soi-même ; on est toujours présent auprès de soi-même, on s'aime assez pour s'écouter soi-même, pour savoir qu'on se conseille dans son propre intérêt. Il vaut mieux d'ailleurs suivre spontanément et librement la bonne voie que d'être contraint d'y entrer et d'y rester. Souvent, aussi, on peut être plein de bonne volonté, mais, en même temps, d'ignorance ; voilà pourquoi l'autorité a raison de faire provision de bons conseils et de les distribuer libéralement.

— Quelquefois, dit Mme Duval, un peu d'intervention sérieuse peut devenir nécessaire, comme pour les logements insalubres.

— Cette loi du 13 avril 1850 dont nous avons déjà parlé (p. 76), dit M. Duval, a fait quelque bien ; cette loi a cela de particulier que l'application en est laissée à l'appréciation du conseil municipal. Si, dans la commune, il n'y a pas de logement insalubre, pourquoi nommer une commission « chargée de rechercher et d'indiquer les mesures indispensables d'assainissement des logements et dépendances insalubres, mis en location ou occupés par d'autres que les propriétaires ? » J'ai cité les termes mêmes de la loi, pour bien faire remarquer que la commission, si le conseil municipal en a nommé une, n'a d'influence que sur les logements loués. C'est la santé du locataire que la loi veut protéger, autant qu'elle peut, et il est inutile d'ajouter que le locataire dont il s'agit est très loin d'être riche.

« J'ajouterai que la loi de 1850 est exécutée par le préfet de la Seine, mais le préfet de police a une attribution analogue relativement aux logements garnis. Il a publié une ordonnance sur les soins de propreté à donner à ces logements. »

CHAPITRE XII

LA SÉCURITÉ PUBLIQUE.

« Nous avons déjà causé de la police et de sa mission de veiller à la sécurité publique, dit Gaston, mais je crois que nous n'avons pas abordé toutes les questions.

— Toutes les questions ? Cela nous conduirait bien loin, et il resterait toujours l'imprévu. Or, dans tout danger, il faut que la police intervienne pour porter secours. Quand le danger est présent, il faut empêcher l'accident ou le sinistre, la catastrophe d'arriver, car prévenir c'est tout spécialement la tâche de la police. Elle n'attendra généralement pas qu'un danger se soit déclaré pour intervenir, elle publiera des ordonnances, des prescriptions propres à écarter tout ce qui pourra devenir nuisible.

— Par exemple, dit Mme Duval, il sera défendu de placer des pots de fleurs sur le rebord de la fenêtre qui donne dans la rue.

— Cet exemple est bon. Les pots qui sont sur le rebord de la fenêtre ne font de mal à personne ; seulement, ils *peuvent* tomber. C'est la possibilité de la chute qui constitue le danger. De même l'obligation d'établir des parapets, des garde-fous le long d'une rivière ou d'un abîme.

Il n'est pas nécessaire qu'on y tombe, même en l'absence de parapet ; mais, comme il y a des étourdis ou des aveugles, on prévient les accidents par des mesures de précaution.

— De même, dit Henri, pour l'éclairage des voitures.

— En effet, la nuit, les voitures doivent porter des lanternes allumées, pour qu'on les voie de loin. Dans les pays froids, où l'on fait un fréquent usage du traîneau, les chevaux qu'on y attelle doivent porter des clochettes aux harnais pour qu'on les entende venir. Je crois qu'il en est de même à Paris ; mais on y voit si rarement des traîneaux, que je ne me le rappelle pas bien. Les vélocipèdes devraient également être vus et entendus de loin.

— Les obstacles dans la rue sont toujours éclairés.

— C'est une prescription à laquelle les agents de la ville sont soumis aussi bien que les particuliers. Du reste, on rencontre rarement des infractions à cette règle, dont l'utilité est évidente.

— Et pour les chiens enragés ?

— Si le chien est enragé, il n'y a qu'à l'abattre, car le péril est flagrant. On prend aussi des mesures pour empêcher les chiens de nuire, par exemple en prescrivant les muselières. On a prétendu que ce moyen avait ses inconvénients, c'est possible ; mais, tant qu'on ne m'indiquera pas un moyen meilleur, je maintiendrai celui-là.

— Qu'est-ce qu'il y a encore ?

— J'ai déjà dit qu'on ne pouvait pas énumérer en détail

les soins à prendre pour la sécurité, et, au fond, beaucoup d'attributions que nous avons mentionnées en parlant de la voirie ou de la salubrité pourraient figurer ici.

— Mais on n'a pas parlé des incendies.

— Nous avons du moins parlé des pompiers.

— Sans doute, seulement les pompiers éteignent le feu quand il a éclaté, ils peuvent réduire ses ravages, mais avant qu'ils ne viennent, une partie du mal est fait ; la police doit prévenir, empêcher le mal.

— La distinction est juste ; seulement, il n'y a que notre propre prudence, la prévoyance de chaque individu qui puisse réellement empêcher les incendies . Toutefois, l'autorité n'est point complètement désarmée, et il existe sur ce point une excellente ordonnance de police du 15 septembre 1875. Il y est question des cheminées et des poêles, du ramonage, des couvertures en chaume, des fours, forges et usines, des entrepôts, salles de spectacles et autres locaux exposés à des incendies. Le préfet de police donne ensuite de minutieuses instructions pour le cas d'incendie et fait connaître les 88 postes de pompiers disséminés dans Paris. »

FIN.

TABLE ALPHABÉTIQUE DES MATIÈRES

Châteauroux. — Typographie et Stéréotypie A. Nuret et Fils.